文学常青藤丛书

吴欣歆 郝建国 主编

体味林荫下的幽静

本册主编　刘　源　袁　文
副 主 编　殷志佳
编　　委　刘　敏　李丽莉　谢李丽　黄炳章　林玉蝶

花山文艺出版社
河北·石家庄

图书在版编目（CIP）数据

体味林荫下的幽静 / 刘源主编. -- 石家庄：花山文艺出版社, 2025.1. --（文学常青藤 / 吴欣歆，郝建国主编）. -- ISBN 978-7-5511-7404-6

Ⅰ. I217.2

中国国家版本馆CIP数据核字第202495XA61号

丛 书 名：	文学常青藤
主　　编：	吴欣歆　郝建国
书　　名：	**体味林荫下的幽静** TIWEI LINYIN XIA DE YOUJING
本册主编：	刘　源　袁　文
统　　筹：	闫韶瑜
责任编辑：	郝卫国
责任校对：	李　伟
美术编辑：	陈　淼
出版发行：	花山文艺出版社（邮政编码：050061） （河北省石家庄市友谊北大街330号）
销售热线：	0311-88643299/96/17
印　　刷：	石家庄名伦印刷有限公司
经　　销：	新华书店
开　　本：	880毫米×1230毫米 1/32
印　　张：	8.375
字　　数：	170千字
版　　次：	2025年1月第1版 2025年1月第1次印刷
书　　号：	ISBN 978-7-5511-7404-6
定　　价：	32.00元

（版权所有　翻印必究·印装有误　负责调换）

总　序

　　2022年春节，花山文艺出版社社长、总编辑郝建国打来电话，商量共同策划一套中学生"创意写作"丛书。当时，我正在反思应试作文的正面作用和负面影响，确定了样本校，想做一点儿"破局"的教学实践，目标是使学生在学会写作的一般规则的同时又能够自由表达。恰逢其时、恰逢其人、恰逢其事，一次通话就确定了合作意向、基本方向、大致的工作进程，很是痛快。

　　但我不想用"创意写作"的概念，因为创意写作是一个成熟的学科，有专门化的人才培养方案，而中学课程方案中没有设置这一学科。早在1936年，美国艾奥瓦大学就已经有了创意写作艺术硕士（MFA），此后，艾奥瓦作家工作坊在英语国家广泛推广，继而在全球范围内产生了深远的影响。在我国，2007年，复旦大学开始招收文学写作专业的硕士研究生，2009年正式设立了创意写作专业硕士学位点；2011年，上海大学成立了创意写作创新学科组；2014年，北京大学中文系成立了创意写作教学团队……据我了解，目前全国有二十所左右的高校招收创意写作专业硕士，课程内容涵盖小说写作、诗歌写作、媒体写作、传记写作等多种文体类型，有明确的培养目标和教学方法。虽然有些中学开设了创意写作的校本课程，但我的目的不在于推广这门课程。我主张用创意写作的学科知识指导中学写作教学的变革，在概念上使用课程文件用语——创意表达。这一想法得到了出版社的支持。

在我看来，所有的写作对学生而言都是创意表达，都需要借助生活经历、语言经验、知识积累、思维能力，把想法变成实际存在的文字，即便是严苛的学术写作，也能够体现出学生的个性特点。对于成长中的学生来说，写作除了具有学习功能、交际功能、研究功能，还有重要的心理建设功能。写作的内核是面对真实的自己，面对真实的情感体验，用文字表达的时间是学生认真面对自己的时间，如果能够自由地表达出自己的想法，就能够很大程度上实现心理重建。

娜妲莉·高柏在《心灵写作》中把写作称作"纸上瑜伽"，她倡导学生每天自由自在地写十五分钟，直接记录脑子里随机出现的词语和句子，记录眼前的事物，记录此时此刻的体验和感受，不管语句是否通顺，内容是否符合逻辑，不管要表达什么主题，就一直写一直写。这样的写作，显然有助于克服书面表达的恐惧与焦虑，有助于克服因为期待完美而导致的写作拖延。学生奋笔疾书之后会有一种释放感，一种绷紧之后的放松感，书写的畅快足以改变不良的心理状态。

写作工坊比较常用的练习方法大多能够引导学生的思维自由延展，比如曼陀罗思维法，又被称为九宫格法，就是将自己的某个观点写在中央的格子里，围绕这个观点进行头脑风暴，将其余八个格子填满，继而再辐射出八个格子，两个轮次的头脑风暴，核心观念迅速衍生出六十四个子观念。再如第二人称讲述，用"你"开头，写下你看到的、听到的、嗅到的、触摸到的、反映出的、联想到的各种信息，连贯地用文字表达自己真实的见闻与感受。又如庄慧秋的《写出你的内心戏：60个有趣的心灵写作练习》，提供了六十种开头提示语，其中包括"我喜欢""我讨厌""我热爱""我痛恨"等自我情绪表达的提示语，以及自我形象变形的提示语："如果我是一棵植物，那我就是……""如果我是童话故事中的角色，那我就是……""如果用一幅画来象征我自己，那我就是……"

这些方法都可以在写作教学中运用，帮助学生感受到自由思考的快乐，在相互启发中打开书面表达的广阔世界，帮助他们实现创意表达。

对于中学生的创意表达，我有三点想法。

第一，放松写作体裁限制，用自己的方式记录看到的社会生活，表达真实的情感体验。中学写作教学存在为体裁找内容的现实问题，学生非常熟悉记叙文、议论文的套路，习惯按照既定体裁框架填充写作内容，这是违反创作规律的。合理的状态是，学生有见识、有感悟，有表达的目的和对象，为了实现目的寻找合适的表达方式。体裁可以自由选择，甚至可以自由创造，我们要鼓励学生为自己的内容找到合适的形式。

第二，拓展写作内容边界，在广阔的社会生活中发现写作的内容，探索写作的价值。美国非虚构作家盖伊·特立斯的作品集《被仰望与被遗忘的》，从微观层面记录了纽约的城市风貌，关注各种人和他们背后的故事：俱乐部门口的擦鞋匠、高级公寓的门卫、公交车司机、大厦清洁工、建筑工人等。

我们要鼓励学生写他们熟悉的、他们经历的、他们知道的，鼓励他们写出自己眼中的世界图景。

第三，重构写作指导模式，建立师生协作的创作团队，形成完善的创作流程。中学写作教学习惯"写前指导"和"写后指导"，写作过程中的指导尚未受到充分关注。Perry-Smith 和 Mannucci 在前人研究的基础上，根据创意过程中不同阶段的需求将创意过程划分为创意产生、创意细化、创意倡导、创意实践四个阶段。学生的初步想法，很多时候是"灵光乍现"，教师要有一套办法组织学生分析原始创意，征集延伸性的内容与想法，整合收集到的信息，帮助学生完成创意的修改、发展，有序完成从创意到作品的实践过程。

《义务教育语文课程标准（2022 年版）》设置了"文学阅读与创意表达"任务群，《普通高中语文课程标准（2017 年版 2020 年修订）》设置了"文学阅读与写作"任务群，对学生使用书面语、发展创造力提出了明确的要求。本套书选择的学校大多为区域名校，学生的创作和教师的指导体现出落实课程文件要求的原则与策略，期待能够引领更多学校、更多师生的创意表达。需要说明的是，这些学校的师生不仅重视创意表达，而且极为重视语言运用的规范，他们热爱国家通用语言文字，热爱中华文化，对中华文化的生命力有坚定的信心，他们的创作在弘扬中华优秀传统文化方面，也做出了良好的示范。

2023 年元旦于北京　吴欣歆

序

  成都七中的学生有文学创作的传统,成都七中的朝花文学社创立于 1980 年,文学社刊物《朝花》,创刊于 1983 年,至今已有 40 多年的历史,是一直坚持每年出版 4 期的校园纯文学刊物,发行至今已经出版至 180 期。 刊名是当年黄文芳老师借鲁迅《朝花夕拾》而取。 1991 年,艾芜先生为《朝花》题词。 1992 年,由冰心在北京为校刊题写刊名。 著名诗人流沙河为《朝花》的校外顾问。 先生们虽都已仙去,但《朝花》始终坚持"以文为本"的理念,内容包罗万象,不沉溺于风花雪月,不媚俗跟风。 一代代朝花人坚守初心,用对文学的热爱浇灌这一片精神的花海。 各类散文、小说、杂文汲取了七中这一高品质环境中的精髓。 朝花文学社培养了一批批对文学有着执着追求的学子,是学生提高写作水平、分享写作乐趣的园地。 "走遍天涯海角,依然心系朝花"是一批批从《朝花》走向更广阔天地的学子们的心声。

  近年来,作家麦家、柳建伟、阿来等都和朝花文学社的成员有过交流,对朝花文学社都有着殷切的期望并给予美好的祝愿。朝花文学社的成员们遍览校园精粹之作，悉心校勘评判，编订校刊《朝花》，以散文的自由灵逸、诗词的典雅韵美、小说的惊心动魄滋润同学们的心灵，丰富同学们的精神生活，陶冶同学们的文学情操，用对阅读与写作的热情点亮了七中的角角落落。

学生们在朝花文学社有许许多多数不清的快乐回忆、许许多多单纯而又热烈的时光。满溢油墨香气的一架子期刊、林荫大道下光影里的花朝节、审是楼忙碌校稿的小编……学生们的写作热情给自己的学生生涯留下了美好的记忆。这本书的选文中就有不少《朝花》中入选的文章。

成都七中创意写作的另一个传统是科幻文学创作。成都作为中国科幻文学的大本营，成都七中的科幻文学创作在其中有浓墨重彩的一笔。20世纪90年代《科幻世界》杂志的征文活动就是与成都七中语文组联合举办的"七中杯"校园科幻征文比赛。1996年，语文组文仲瑾老师就主编了《中学生科幻小说佳作与点评选集》。2000年，成都七中科协的《未来梦》创刊，科协成立了未来梦杂志社，专门负责《未来梦》的编辑工作，发展到今天，《未来梦》已经从一本纯粹的科普杂志进化为了一本以科普、科技、科幻为主，校园生活为辅的校园杂志，并且实现了全部彩印。如今《未来梦》已出版了36期。

除了这两本校园刊物外，成都七中学生的创作历史上还有许多形形色色的学生刊物，内容包括诗歌、时事评论、小说等多种文学类别。七中的学生怀着强烈的文学创作热情，在校园中进行了多样化的创作实践。配合学生的创作热情，七中语文组也开展了原创诗歌（古体诗及现代诗）大赛、电视散文大赛、人物传记写作等多样化的写作活动，既激发了更多学生的写作热情，也创造出更适合学生的写作情境，让学生进行多文体实践，使其在各种活动中跳出应试作文的条条框框。

  本书的选文正是来自学生们在日常学习和生活中创作的作品。在文中，我们可以看到学生们丰富多彩的校园生活：运动会、艺术节、社团活动，学习生活的苦与乐、宿舍生活的趣事、家乡的风景、旅游的逸事、读书的感悟等。更有同学们发挥丰富的想象力创作的作品，文体涵盖了小说、散文、杂文、诗歌等，力图给读者展示精彩的高中校园生活、飞扬的青春、睿智的思考。

  巴金曾说过："我写作不是我有才华，而是我有感情。"写作本来就应该是一件"以我手写我心"的愉悦之事，希望局促于两室之内、埋首于题海之中的高中生们，能在丰富的写作活动中体验生活的兴味、体会成长的滋味、领会青春的价值。

刘　源

目　录

诗　歌　卷

引言 ·· 003

银杏叶 ·· 005

海的尽头 ·· 007

今可览青绿 ······································· 009

风之国 ·· 011

谜 ··· 015

今夜，船那头 ··································· 017

致河流 ·· 018

你我之间 ·· 020

错误的门 ·· 022

约 ··· 026

无题 ·· 029

云梦 ·· 031

逆行者的背影 ··································· 034

夜的思念 ·· 037

故人梦重归 ··· 039

水调歌头·志抗疫 ··· 043

感怀 ··· 044

秋兴·病中书事 ·· 045

青城 ··· 046

元九登高怀元九 ··· 047

寄友人 ·· 048

咏梅 ··· 049

小 说 卷

引言 ··· 053

迷踪 ··· 055

当周瑜遇到村妇 ··· 061

七里香长廊 ·· 065

天境峰 ·· 071

梦中绿城 ··· 090

亚特兰蒂斯 ·· 095

时间的礼物 ·· 100

绿原 ··· 103

超级夸克 ··· 108

桃源·深渊 ·· 111

理性纪元 ··· 116

散 文 卷

引言 ··· 123

秋天	125
回忆我的桃花源	128
夜雨	130
又见青浪映红光	133
这是一首歌	135
在花店里	138
骄傲的自画像	139
葬鸟	143
习惯	148
雨季不再来	151
人的林荫	155
考后随笔	159
含章楼逸事	162
逢春	166
江河	168
上学路上丢失的鱼	171
奔跑,你好	176
落叶的舞	179
秋绪	181
树的立春	185
成都	188
扫清秋	190
读《与妻书》有感	192
我实是猛虎,又何妨?	194

不辱使命	197
雨霖铃·梦绝玉英	200
生命的花，随时绽放	205
流光·文字	208
浮世间　修一方简约	211
凝眸	213
悄然·花降	216
气味杂谈	221
归根	224
绵州味	226
戏台	229
一帘风月闲	232
西湖赋	235
后西湖赋	237
雨说	239
天人合一的亚欧大陆	241
大地的精魄	243
你听见了吗？	246
淡过天上月	249
春天的礼物	251

诗歌卷

引　言

　　情动于中，发言为诗，诗歌里是青春少年花样的年华。学生们怀揣着纯真的感情、美好的梦想，携带着对自我的认识、对社会的思考和对理想的追求，创作出青春的吟唱。无论是古体诗还是现代诗，都是少年们或寤寐思服时或登高临风中不可多得的情愫。

　　诗歌卷的作品分为"新声"与"古韵"两部分，全面展示了同学们旧体诗与现代诗的创作成果。"新声"部分的现代诗取材，既有现实生活，也有童话典故，展现了创作者丰富的精神世界。首篇《银杏叶》歌咏了秋天校园里最常见的银杏叶，作为秋天的代表景物，这首诗观察细致、联想丰富，于司空见惯的景色中写出了自己独特的感受。接下来，我们可以跟随同学们的诗歌作品，上山下海，或迎风破浪，或街巷漫步，歌咏亲情爱情，亦歌唱理想梦想。"古韵"部分则展示了同学们在多年学习古代诗歌以后，熟练掌握旧体诗的音韵、结构和写法，"旧瓶装新酒"，将现代生活与时代精神引入旧体诗，让中国文化中最宝贵的诗歌传统在新时代能够发扬光大。特别推荐《故人梦重归》这组"唐五代文人群像"，作者以组诗的方式抒发对自己崇敬的诗人的感情，每首诗既独立成篇，又能组合起来形成一首特别的诗歌作品。

教师在指导诗歌创作时，首先引导学生结合生活体验，敞开心扉，点燃澎湃的青春激情；其次学习运用意象抒发思想情感，体会诗歌语言、形象、情感的独特魅力；再次练习语言表达的特殊方式和艺术技巧，增强语言的表现力，提升审美能力；最后溯源文化之根，培育对传统文化及汉语美感的体认，加强文化积累。

银 杏 叶

◎高 2019 级 8 班　朱宇博

有时候我多希望飘落在肩上的银杏叶是自己
它从不对春天产生怀疑
入春时悄然探出头
一缕清风携薄露润在它脸颊
它也不对秋日产生憎恨
深秋时摇摇晃晃
裹着尘埃恰到好处地与母体分离
其实你我都有春来秋去这一遭命运
都会在山间清风与市井喧闹中犹豫不决
我们大可不必心疑，不必生恨
早春已去深秋已来
时节不会对一片银杏叶撒谎
从春时朝阳到秋时黄昏
每一缕阳光都给予它足够信心
我们要在季节更替中如银杏叶般
一片一片被大地重新定义，重新拥有

这一生失落的事情固然有许多
像这一季数不清的落叶，这一季吹不完的风

指导教师：王　慧

海 的 尽 头

◎高 2022 级 13 班　李慕然

天幕灰蒙
阴沉而不留余地
拉着日月星辰往下坠
太平洋上
是第几缕风吹来
勾勒出抽象的浪
第几片水花翻卷覆灭
轮廓若隐若现
冲刷　淡忘
这片沙滩
第几步脚印踏过
歪歪扭扭
通向海的尽头
那一丝同样渺茫的红霞
此时已有无数架摄影机驻足
屏息凝神热切地等待

除了这群

光着脚丫的少年

如果你问起他们

他们也许会这样回答：

我们不是来看日出的

我们在等云升

　　　　　　　　　指导教师：何　昀

今可览青绿

◎高2019级4班 黄 迪

给时光以不朽,

予历史以新生。

展卷一瞬,便是永恒。

九州毓秀丹青聚,四海文心辞章芸。
十八年少挥妙手,千秋锦绣腾碧云。
万杵声中傲骨劲,百日晒后翰墨凝。
雪白狼毫指间绕,玄黑香檀卷上行。
访川探石问丘壑,精磨细研刻光阴。
一丝一缕织柔绢,寸锦寸金映真心。
寿山之巅寻造印,田黄石章记篆铭。
勾勒素描着碧色,众人共绘天地形。
翠竹清波江南忆,乌篷黛桥水乡情。
云山叠瀑滔滔下,烟雨楼台蒙蒙霖。
泛晚渔舟芙蓉醉,浣花彩女杨柳青。
数月艰辛忘日夜,一朝画成天下名。

孰料忽遭靖康耻，无奈流离铁蹄侵。
英年早逝无人问，山河破碎旋漂萍。
辗转世纪罹苦难，漂泊千载终光明。
尺修寸补神采奕，展卷不负韶华勤。
亘古未改青山绿，少年意气不留行。
长卷一展无言语，后世灵犀有知音。
方寸舞台传自信，篇篇章节汇匠心。
垂袖惊鸿照影来，国风一舞连古今。
尘封雪藏铅华净，熙攘零落境遇平。
江山依旧春风绿，万古悠悠千里青。

指导教师：王　慧

风 之 国

◎高 2021 级 7 班　吴明远

听说
风起的时候
是远方的巨龙
做了一个甜蜜的梦

风　你从什么地方来
你是来自
太阳诞生的那个山谷
还是那条
比远方还远的蓝色的河
或者是上古神祇留下的
尘封的卷轴

还是月亮
在明天夜里写下的诗

你从尘间走过

把花儿的种子带去

把你的故事留下

风起的时候

国王在他的花园里

种植玫瑰

王子骑着栗色马

寻找他中意的歌谣

女孩儿们晾起的晚礼裙

开出一朵朵鲜花

男孩儿们乱蓬蓬的头发

长出豌豆的藤蔓

这时巫女正躲在墙角

暗暗发笑

风起的时候

猫躺在主人的扫帚上

睡着懒觉

狼从睡前故事和烟囱里

爬出来

望着月亮　独自惆怅

于是能从蜂蜜罐中醒来

然后枫林下起糖霜的雪

风起的时候
神撒开她的衣裙
在开满紫色小花的原野上
奔跑

而我
我是在风的王国里
做一个行吟诗人
用羊皮纸和羽毛笔兜售孤独的诗人
我写诗给你

我认识或不认识的你
在橡树的窗边等一只信鸽的你
在村庄的木桥下和一只羊独自坐着的你
在田野上吹着向日葵的晚风的你
在岩石的群山上看着靛青色黄昏的你
背着食物、古铜色地图和剑鞘的你

我是在写
写给你的诗
我献给风

"风把所有年轻的心
都连在一起"

风
你来的地方将是我的故乡
你去的地方已是我的归途
所以我会把我的诗行揉碎
让你把他们吹走——
吹到每一个仰望星空的孩子的眼睛里
开出花一般的
星星
在每一个最暗的夜里
像吹一朵蒲公英

指导教师：李宏川

谜

◎高 2021 级 13 班　李　绥

黄昏下，云是春徜徉的使节。
在古人托了幻想的天边，
变幻种种破碎而飘逸的形状，
做光的一层，梦的一卷。
为甚无处觅来真心的理解，
像独角戏中主角与导演。
每夜窗棂前一时间的伤痛，
划定了我心延伸的界限。
你叹服造化的精妙绝伦，
又只能围着一隅悲伤打转。
深长撼动了你心的抒情，
化为夜晚屋顶环绕的轻烟。

世界待我有心也是失了智，
我对此难道能有任何抱怨？
挖空心儿细看了人世的扉页，

只向心中存入神秘的凄惨。
草木也为生命而惆怅,
莫名的爱终只能招来疏远。
终我心花开落的一生,
还没读完这个无解的谜面。

指导教师：林玉蝶

今夜，船那头

◎高 2021 级 13 班　李　绥

众星轻拱出了上弦月，今夜，
湖中，你坐在船的那头，
薄雾里，远望去就是出水芙蓉，
一朵含着我瑰丽幻想的梦游。
可惜这小船太窄，不能容纳
两颗寂寞如城池的心，
你前程太遥远，而它经不起风雨，
不能荡漾我给出的爱情。
我轻轻哭泣，那天真单纯的泪滴，
也只能顺着写满了悲伤的船舷，
趁月光不注意时滑落，在水面，
在你心上，激起波澜。
我本以为欢娱可以让今夜漫延，
达到我幼时母亲故事里听闻的长久，
但我连同我一船载着的诗句，
都只能在这温柔的湖心，短短停留。

指导教师：林玉蝶

致 河 流

◎高 2021 级 13 班 张舒科

是否有勇气
面对逝者如斯
凝视终将流入大海的
全部的你
不在乎片刻
短暂不是流逝的限定

是否有心境
——铭记
沿途浇灌的
每一个理想的守望者
和那些和自己一样
永不止息的生命
他们的答案还记得吗

那些零落的碎语

铺展在风中的花香与文章

其中智者的金句

风霜的果实

我会驻足于

你流经的每一个亭台楼阁

冥想你的静静流淌

我弯下腰　低下头

致意

慰问

你生命再现的地方

指导教师：郑文书

你我之间

◎高 2020 级 5 班　左津铭

最早，你我之间隔着妈妈的肚皮
黑夜潜伏着生机，傍晚孕育着朝阳
待我游入尼罗河底，我们便能见面
奶奶，我很快就来了，请不要着急

后来，你我之间什么都没隔着
橙红晕染着天际，深蓝浸润着晚霞
待我再长大一点儿，你就不用背我了
待我再长大一点儿，我就能跑过你了

再后来，你我之间隔着九眼桥
曙光戳破了黑夜，黑夜钝化了夕阳
待我跑出校门，便能钻入你的怀抱
我们手牵手，却注定走着不同的路

再后来，你我之间隔了几条街

日出照亮了世界，月升涂黑了人间
如果时间允许，我一定会来看看你
你走得慢了，那我就在前面等等你

再后来，你我之间隔了几条新街
阳光让树苗温暖，月光使枯枝寒凉
你走不动了，那我就坐在你的身边
你走慢一点儿，请让我多陪你一会儿

最后啊，你我之间隔了好远好远
这边太阳再大也照不亮那边的黑暗
所以我一个人再走走我们走过的路
恍惚时，看见你陪着我，却又消失

或许，你我之间隔着许多个人间
你在虚无的那端，我在缥缈的这端
倘若有一天，我们能够失忆着相遇
祝你一切安好，请再也不要想起我

指导教师：孟祥君

错误的门

◎高 2020 级 10 班　卢柯吉

我走进了一扇错误的门
门内有一群无言的观众
他们张着嘴，张嘴，喉结滚动
没有发出半点儿声音

我回望大海，带着脉脉深情

海哟，海，我的故乡
在永恒的质疑中不发一言
张着风暴之眼酣睡

我的蓝宝石母亲哪
你柔情的波声里有我的鲜血和远方

但我不能一直住在海中
一如我不能生活在沙漠上

我生活在一扇错误的门中

黑色的笑声刮在我脸上
一颗子弹击中我
撕裂的声带不停颤动

咳血的声音很响亮

被淹没在大海的潮声中
不,那不是海
是黑色的风搅碎思想的声音

盲人的世界不需要灯笼
最好有第二座庞贝和维苏威

我的家离地高三千丈
灯笼悬挂在云端
在一小根细枝上

我不认识这些鬼怪
但它们嘲笑我,嘲笑

我要吃饭,我要活着

黑色头发，黑色眼仁，黑色皮肤
连血液都凝滞成黑色沼泽

但我血管内有火苗在蹿动
烧灼，咆哮，将一切灰烬化为纯白的烟

烟的眸子就是雪

每次下雪我都会想起大海

我生活的门离海太远
我再也看不到海
但我还在期待着雪啊雪

他们的眸子里没有雪
只有血，黑色的血，还有冰。

街道上只有三种人在示威：
小丑，凶手和受害者

我是第四种人：

未打麻醉药的伤员
黑色的门内唯有我一袭蓝衣

我是大海的蓝色、忧郁的颜色
我的泪是海的潮,淹没月亮
月亮是我的爱,恋我的心脏

我不属于这扇错误的门

没有海,没有灯笼,没有雪

我要在末日来临时第一个离开

        指导教师:刘　源

约

◎高 2020 级 10 班　魏琼懿

风乍起

叶飘下枝头

叶落下

成全春花的等候

你出现了

出现在校门口

重逢的欣喜

是数日来道不出的浓稠

淅淅雨中

我们手挽手漫游

偏心的雨伞

仍倾向我肩头

我们一起走过

那熟悉的小巷

路旁的小店里

滚沸着诱人的米粥

我们一同嬉笑

搭乘旧时光的小舟

不知倦的吉他手

进行着恰如其分的演奏

抱着回忆的瓶子

笑意跃上眉头

时间不知不觉

在温情中溜走

仔细体味

多想光阴逆流

你消失了

消失在喧闹的人流

请带上我

最温暖的问候

我不曾回头

小心翼翼地掩饰步伐的颤抖

同样颤抖的声音里

是道不出的淡淡离愁

风再起
一池秋水微皱
你会惊喜地发现
一尾锦鲤
乘风破浪勇争上游

指导教师：刘　源

无　　题[1]

◎高 2020 级 10 班　干佳瑶

海神突袭，挥戟舞干戚
一叶小舟噬于骤雨暗夜
神行者[2]黑衣斗篷猎猎，寒光战栗
风驰电掣，纵骋原野

沙丘日落暮徘徊
棕榈惹火阑珊处，人影[3]婆娑

---

[1] 此诗是由英文翻译而来。写作时先由英文成诗，再译作中文。在格律上，英文严格按照十四行诗的格律写成，中文选择以语义为主，并未遵循中国传统古典诗歌的格律；在韵脚上，中英文双语押韵形式完全相合，都以 AB-ABABABABBAAA 形式结构，中文诗在一定程度上将相同韵脚的诗句调整整齐；在文字运用上，英文诗效仿莎士比亚时期的早期现代英语，中文则结合中国古典诗歌中有名的字词组合，尽量让诗歌在不改变原意的基础上更有中国古典诗词的韵味。

[2] 神行者，也译作游侠，指 J. R. R. 托尔金《魔戒》中的人物阿拉贡（Aragon）。

[3] 人影，指弗兰克·赫伯特《沙丘》中厄崔迪家族遭到突袭，保罗·厄崔迪（Paul Atreide）和他的母亲逃向沙丘深处，并且勇敢面对命运的情节。

此行经年，或遇帕尔修斯①而非满月入怀
铁饼不可避，预言如是说

十字军东征，童子国殇，何怨人吹笛②
乐声袅袅，空鬼魅游荡
瘾君子沉湎于危险幻象
伊甸玉液琼浆，金樽银器，经久不逝

哦，尤利西斯③，何苦远征漫漫？
头顶，即新月初升与星空浩瀚

          指导教师：刘　源

---

① 帕尔修斯：希腊神话中宙斯之子，神谕曾言，他将夺取他的外祖父阿克里西俄斯即阿尔戈斯国王的王位，并将其杀害。纵使阿克里西俄斯百般防备，帕尔修斯终在比武场不知情的情况下用掷出的铁饼砸死了外祖父。
② 吹笛人：传说中哈米伦的吹笛人诱导儿童十字军东征并惨死战场。
③ 尤利西斯：罗马神话中人物，对应希腊神话中奥德修斯。

云　梦

◎高 2020 级 13 班　罗子墨

睁开双眼，
在旷远的天际线，
有人建起云上的宫殿。

我看见绚丽的虹
与青灰的天，
当失重的身影
点燃破碎的日冕。

于是头朝下跌入厚厚的云层，
悬浮的雨珠
编织出梦幻的雾。

于是化成风造访低垂的云脚，
透明的鱼
掉落碧绿的岛。

我听见谁的低语与心跳，
谁的梦呓与叹息，
那东奔西走的意义，
甚至换不来半分怜悯。

难道我竟愿流连于云间的幻影，
是不是人间的悲欢，
再也给不了些许的温暖？

难道我竟愿沉睡于无尽的梦境，
是不是世俗的离合，
再也带不来悸动的情愫？

我要怎么去寻觅？
寻觅我的意义，你的身影，
我的恸哭，你的气息。
可它是空、是泪、是光、是命，
我只能去填、去堵、去追、去认。

于是在喷薄而出晚霞的余烬里，
在绿草丛生云上的孤岛里，
在极夜前最后的黎明里，
睡去，
我可曾听见残虹的低鸣？

原来我竟建起云上的宫殿，
在旷远的天际线，
闭上双眼。

       指导教师：黄亚妮

逆行者的背影

◎高 2019 级 5 班　黄之爱

这个新年，是什么冲淡了热闹的年味
这个新年，是什么捂住了人们的笑脸
是什么掐灭了除夕灿烂的烟花
是什么拖住了我们回家的脚步
是病毒，是瘟疫
当怒吼的病毒向我们席卷而来时
当特务一样的瘟疫向我们偷袭时
当毒花一样的瘟疫把我们围困时
这个春天没有花朵只有埋葬
这个春天没有音乐只有喘息

一群逆行者向武汉奔跑
跑出了春的消息
逆行者的背影在长江大桥上舞蹈
逆行者的口罩在雷神山、火神山
绽放生命的五颜六色

冲上前，在病毒和安全的缝隙
小心翼翼摸索，匍匐射击
穿上厚重的防护服，肩负白大褂的使命
在生命的边沿
呼唤　守护　拯救

自己的生死在何时
他们不知道
病毒藏在哪里他们不知道
但病人知道
但我们知道
守在家里的我们知道
只要他们挡在病毒前面
我们就能平安地躲在他们后面
虽然我们无法看见他们的面孔
但我们能触及那一双双真诚而又坚定的眼神
能听见疲乏的双腿迈出的勇敢的步伐

终于，病毒因逆行者的坚持而败退
终于，瘟疫因逆行者背影的挺拔而散去
终于，肆虐的狂风被阳光打败
春季的太阳已照进我的窗户
洒满我的花园，洒满千家万户
我已闻到黄鹤楼阳光的味道

已看到武汉大学樱花的纷纷扬扬

逆行者的背影
闪耀着东湖的灯火
逆行者的背影
倒映着中国呼之欲来的辉煌

　　　　　　　　指导教师：殷志佳

夜的思念

◎高 2019 级 6 班　潘　浩

宁静的夏夜,
引诱回忆的乐章,
清凉如水的柔光,
四溢思念的芬芳。
璀璨的锋芒,
晶莹的白霜,
缥缈朦胧地回荡。

在梦醒的瞬间,
刹那与永恒相互编织着天网。
那是天河啊,
一望无际地流淌,
正如思乡之情,
一心相守的期望。
是黯淡隐逸的美啊,
似柔和寂寞的温床,

铺陈着梦中思念的故乡,
心里永恒的天堂。

指导教师:殷志佳

故人梦重归
——唐五代文人群像

◎高2022级5班　杨梦杉

"故人梦重归，觉来双泪垂。"

王　　维

辋川山翠
尽扫微波归轻叩荆扉
少眷圣上天恩重
身处红尘　断是非

孟　浩　然

明主弃惠
纵子建才高何人知会
宁穷极山水胜过庭前玉碎
叹命微

元　　稹

笔尖下沧海难为水

身入流言难辨真伪

一生孤直生死如梅

怎料落得后人怨怼

李 白

揽明月而坠

思君浩荡若汶水

是天仙乱把白云揉碎

宣城忆旧游　往昔醉

兴浓时王公也作陪

杜 甫

看流离颠沛

秋风摇落楚客悲

风雨飘摇中暗泣者谁

江山星河动社稷危

彻夜辗转在心头坠

将老身反累

刘禹锡

花开几岁

过侄偬半生年老又催

京郊桃林卉依旧少年未归

卷帘帷

白居易

挚友相离唯空垂泪
逝去经年怎堪承悲
魂魄入梦往事不悔
桐花佐酒醉亦不追

李 煜

庭中春花蕤
望月饮鸩入腹悔
且让诸般世事随流水
烛残滴漏断　余独对
梦醒后再踏清辉归

李 璟

君主才情斐
还与韶光共憔悴
青鸟带信落谁家窗楣
春恨重楼锁笙声脆
沈郎多病不胜衣帔
轻云贴水飞

柳宗元

欲撷　花蕾

秋风只影别寒水

遥望　岁月随絮飞

柳州一离散逢期微

知二人情浓堪比桂

他徘徊巷尾

痴喃这狂浪谁会

叹此盛世也人人昏昧

留残诗断句知音对

繁花凋零潮水渐退

强乐还无味

　　　　　　　指导教师：王　慧

水调歌头·志抗疫

◎高 2021 级 3 班　保皓予

  不见平定久，徒云锦官城。仍是初冬，毕竟萧索悲凄清。自笑莘莘学子，何如犹东河水，夜夜渡近锦？抗疫终将胜，合江亭前逢！

  中平路，三锦道，北城东，于中须有，一个半个知论正！蓉城飘摇如许，白衣长缨安在，远道何时通？疫散寒冬后，红日凌长空！

指导教师：林玉蝶

感　怀

◎高 2021 级 15 班　孙　妮

命转何轮两个凋？他生夙念乞无消。
凉卿素管冰丝水，热我零风剩月宵。
咽绝多伤歌楚些，昏朦恣乐到星桥。
秋千背后鸢筝底，忍长痴庚负永娇？

指导教师：杨　燕

秋兴·病中书事

◎高 2021 级 15 班　孙　妮

栖迟半向雁游方，肯为雍雍减骤凉？
夕照坠英黄瘦影，晚烟湿叶绛流光。
针蓑令会飕飕雨，溉圃惟祈簌簌霜。
才谢采薪煎熟水，山窗错爱一衿香。

指导教师：杨　燕

青　城

◎高 2021 级 15 班　唐雪松

树绕庐舍，灌丛拥山。
阡陌交通，垄上青葱。
岩岩巉岏兮干青苍，腾云驾雾兮绕山梁。
山门槛前兮水潺湲，箘簬空疏兮起万竿。
天道上兮游人匆匆，群峦叠兮万千重重。
道旁石矶，路漫青苔。
睎望道前，青柏荣荣。
拂穹岫之萧索兮，暮雨朝云。
断残碑之纤郁兮，苍烟落照。
朱绣阁之别缘兮，赫奕灼烁。
百川皆下，江海包容。
日月同辉，亦可同空。
老君阁之孤寒兮，千秋万岁独立巉峭。
惟今夕之何夕兮，流丹飞阁皆已落寞。
奈若何兮四分离，五湖缥缈自当乐佚。

指导教师：杨　燕

元九登高怀元九

◎高 2020 级 1 班　吴梦迪

小　序

微之于我，如不曾相见之友也。其诗散佚颇多，语质言激，时人多误，近世尤甚，岂不悲哉？遂成小诗，以叙予怀。

春寒不知春，香远不识兰。
知君谓孤直，误君谓善迁。
竹柏萧瑟处，孤云生其间。
今兹化为雨，如何入深潭？
秋蝉与断雁，相顾各自悲。
胧月映桐花，兼伴驿路长。
千里嘉川水，曾知远游心，
万古江楼月，曾照失乡人。
峰峦连晓雾，轻烟隔楼台。
勤政楼前柳，依稀梦中怀。
当年金石诺，唯余水长流。

指导教师：张　意

寄 友 人

◎高 2020 级 6 班　吴佩晔

本非同林鸟，却伴一行飞。
尽言欢喜事，难酌几真杯。
此去多日心欲沉，冷风劈面彻醒魂！
尔濡春风如洗面，吾立寒雨对千夫。
呜呼！莫相忘！莫相忘！只是勿把青春付！
人生难得几十载，岁月峥嵘，岂能换了空言驻！

指导教师：李丽莉

咏 梅

◎高 2020 级 10 班　杜禹衡

阙月云天照深径，孤灯暗影守空林。

满庭梅香花共醉，举世岁寒予独清。

霜枝既老未落零，残心犹少已先矜。

长跪再拜灯灭地，挥手一奏夜阑琴。

指导教师：刘　源

#　小说卷

引　言

　　文学，在中华大地上已生根数千年。从古代神话到先秦寓言，小说萌芽破土，经历六朝志怪、唐代传奇、宋元话本等各个历史时期的不同形式，至明清近代，章回体鸿篇产生，短篇大量涌现，出现高峰。

　　少年的眼里，生活也充满了小说元素：人生百态，包罗万象，或充满悬念，或跌宕起伏，或让人感动，或引人遐想……创作小说，沉浸于小说的无穷魅力，领略自由思考的快乐。

　　形形色色的人物，布满星河；一个个的故事，落地生花。

　　选编的前一部分作品贴近校园生活，素材源自作者的阅读积累、生活经历和情感历程，如《当周瑜遇见村妇》是基于阅读当代作品有感而发，又借鉴鲁迅《故事新编》的表现方式来完成的；《七里香长廊》呈现了学生青春的爱与痛、悲与欢，文学与青春的联系是永远不可分割的。后一部分作品则是以科幻的方式来表达思想，如《梦中绿城》《绿原》《桃源·深渊》密切关注现实中不正常的自然灾害，以构建未来美好图景的方式表达人类对健康生活、人与自然和谐共生的期待；《理性纪元》设想了基因修改技术给人类文明带来的巨大改变，展现了一味追求技术革新与文化覆灭、生活乏味、生命无趣的尖锐矛盾。

  我们期待，小说中的种种恶果终是虚构，小说中的种种善意永世长存。

迷　踪

◎高 2020 级 12 班　杨蕊嘉

一

杨晴的名字是跟算命先生求来的，说是保人生步步高升的名；宋雨取名字赶上出生之后第一场春雨，宋妈嫌春字不好听，就取了雨。

俩孩子打小是邻居，也打小彼此不对付。

2010 年，9 岁。杨晴捧着双百分回家，而宋妈揪着宋雨的两个八十拼着老命追了七条街，结果还是没舍得把棍子抽下去。

2013 年，12 岁。杨晴从那小破县城考上了国内一流的初中，宋雨运气好，摇号进了县重点。

2016 年，15 岁。杨晴拿着鲜亮的中考分数被大姨们捧在手心里，宋雨凭着跆拳道加分堪堪达到职高分数线。

这哪儿能对付呢？

二

"我读了也没有用，考不起大学还白搭那么些时间。"那会儿刚上高中的宋雨跟宋妈提自己不想念书。宋妈也没拦着,跟他说:"这简单,问你爸去。"

宋爸年轻时候吃过没文化的亏,当兵没考上士官,在饭馆给人当牛做马好歹憋个学徒手艺,后来自己单干开馆子也被甩了不少脸色。好在馆子现下也大小开了家分店,算是个忙得脚不沾地的小老板。

听说宋雨这决定,宋爸火暴的脾气却也没发,反而一点儿不意外,答得干脆:"我对你要求不高,简单混个高中文凭嘛!没得文化你混社会都没得脑壳,喽啰都不当!其他嘞,你喜欢就去做!"

有宋爸这话,宋雨跟几个兄弟一合计,边念书边盘了间仓库堆上七零八碎的东西,在仓库外墙上用喷罐喷上抽象的涂鸦,像许多中二文艺混子一样搞了个乐队,店名:陈手机维修。

这店业务广泛,收入正当,还能在小县城的犄角旮旯里容纳一群十七八岁青年张扬轻狂的空想。

宋妈那年嗑着瓜子儿在麻将桌上随口一提:"这事儿值当!"

三

而杨晴不一样,她有窄窄的额头,窄窄的身段,"抽条"成大女孩儿了也永远跟个小姑娘似的。她永远穿着最得体的衣服,端着最矜持的姿态处理所有琐事儿。她的眉眼永远温顺,像一只没有攻击性的羊羔,就连生气都充斥着迷茫的模样。

她作为一个乖巧的别人家的孩子,连走路带起的风都跟宋雨这种假文青不一样。

"凭借宋雨天马行空的幻想,怎么也不可能写出难度'蔚为壮观'的几页题。"她在夹菜的间隙附和父亲的话。

"可不就是!他那种混混学校要我读,我更愿意有骨气点儿辍学!"她的父亲不屑道。

杨晴没回答,她惯常以这种父亲喜欢的做作方式粉饰太平。这样委婉的不屑似乎可以减轻她心里某种罪恶感——似乎对宋家人能显得与口无遮拦的父母有些许不同。

四

2017年7月4日,宋雨记得这天蝉起得特别早,天还没亮全就开始疯叫。但蛙没有醒全,池塘里的叫声稀稀拉拉。

他记得这天宋爸打着呼噜,撕拉着死寂的清晨。门前卖豆浆的老爷子抽了支叶子烟,金黄的油条上染了些烟草的味道。

他还记得这天杨晴失踪了。

"晴晴这孩子我看着长大的,怎么会……那么优秀的孩子……杨家人又干了什么!……老宋你赶紧再去找找啊!"

"阿华你先别急,别急!我刚让宋雨换我去找,这一转儿再找不到咱就立马报警!……总得有个人顾着她爸妈……晴晴一家子就晴晴好说话……"

连跟杨家就打过两次招呼的人都知道,今天一大早杨家二老就过来训杨晴爸妈,语重心长地教训这管不好孩子的儿子媳妇儿,叫他们好好反省。

可大家谁不是眼观鼻鼻观心，谁都知道老太太可不乐意杨晴上高中了，这心里头暗骂一句虚伪都嫌浪费时间——昨晚上杨晴没回，到今天正午过尽杨家也没个响儿，光听那儿训人倒是不见寻人。

"这份儿上谁还不知道做给谁看呢？"宋妈听着隔壁那雷声大雨点小的"单口相声"，呸一声吐干净那一家子的虚与委蛇。

五

"杨晴，你真不回？"

"不回。"杨晴端坐在宋雨的鼓凳上，眼神飘落在那套街坊传闻中一口价一百八宋妈都没有还成价的"天价"架子鼓上。

"能用吗？"

"你想用就用呗。"

杨晴对于除了学习以外的事情一窍不通，但那双迷茫的羊羔眼里难得地透着一股兴奋劲儿。

她悄悄掩饰好自己的笨拙，以一种接近温顺的姿态端起了鼓棒，仿佛已用尽毕生的敬意。

"你随意点儿，太拘着不好打。"

杨晴微微颤了下睫毛，宋雨的一句话好像将什么东西一瞬打碎，裂纹中枝蔓横生。她眼中的兴奋霎时无处遁形。

"你干吗那么紧张？"

"我没有。"

"那你别跟要赴死一个样。"

"我没有!"

"你那么聪明很快就能学会的。"

"我不能!"

嫩枝般脆弱的手臂似乎飞快长出了曾被狠狠按回的刺,恣意地侵蚀温顺的脊,盘踞迷茫的颈。"我一点儿都不聪明!"她怒吼,像将自己纳入了另一个世界。

意识无法控制般的,她在鼓面上试探,一点儿一点儿地落定,一次一次地绷紧青筋,葱一样白的手指一遍一遍擦过金属的陈迹,一轮一轮地触发鼓清脆的反抗。

鼓声渐渐急促,随即她抬眼,却根本不是看向宋雨。

"别把我当成你们的希望!我……"她一瞬间失去了表达能力。

终于,羊羔被屠杀。

六

鼓皮被生生敲破。

那一刻,杨晴像被一瞬烫到,蓦然失了言语。

她的眼睛里重新浮出那连生气都充满迷茫的神情。

"我该走了。"

"不是明天?"

"本该是的。"

羊羔可以被长久拘禁,但被屠杀过的羊羔不可能复生,烫伤过的孩子开始爱火。

七

　　失踪过的杨晴成绩依然很好，而大家都心照不宣地忘掉她失踪的二十四小时，仿佛只有这样生活才能够继续。

　　而这样平静的生活如他们所愿地持续了很久。

　　2023年，宋雨听说杨晴又一次失踪，再没有音讯。

指导教师：黄亚妮

当周瑜遇到村妇

◎高 2020 级 13 班　蒋瑞辰

我是一个村妇，穿着一袭白袍子，晚上奶了孩子睡后，径自出门，赤脚走在河岸边。

我知道我是要遇到周瑜的。古时候不像现在，有什么不夜城、酒吧、KTV，过了"人定"，治安部队就要开始巡逻了，专门在路上逮夜不归宿的人。周瑜是很在意自己治所的风气的，经常带头巡逻。所以我听到背后有马蹄声，没多久就被手执火把的骑兵团团围住了。我一眼就看到周瑜，那个骑高头马、浑身铠甲亮得能把人眼晃瞎的壮汉。他策马走近我，俯下身对我说："怎么又在外边晃呢？""又在外边"说明我不是第一次被他逮到了。我只能跪倒在他马蹄边上，惊恐地说："启禀大人，小女别无他好，只爱黄昏夜游。"

只见周瑜端坐在马上，他的一帮兄弟手执火把在四周列阵。周瑜厉声喝道："起来！"我站起身。然后他干咳两声，开始解释什么大战将至，任何人都不能犯宵禁。三国时期时局动荡，大战不少，想必我也是经历过几场，本想不屑地说"打仗有啥？又不是没打过仗"，可谁叫我是个村妇，只有不停地"喏、喏",就像近来抗日神剧中那些日本兵被上司打了还要"嗨、嗨"一样。

周瑜习惯了当领导,也许是他手底下那帮忠心耿耿的弟兄常惯着他,他一发表演讲就没完没了,更何况是要教化一个犯了宵禁的村妇。这些演讲倘若流传下来,被一些大儒收集成册,取个像《古代官场妙语联璧》的好名字再出版发行,必然大受欢迎。可惜周瑜的那帮兄弟除了会打仗别无他长,没文化。而我只是个村妇,除了种地、割芦苇、喂猪喂牛、奶孩子外别无他长,连一个有文化的上司也没有,更加没文化。所以这些演讲就只有佚失的份了。

"喏"久了,我嘴唇都喊麻了,而周瑜竟没有停下来的意思。我只有极恭顺地说:"启禀大人,小女知错了,请大人法外开恩,不要再讲了,小女还要回家奶孩子呢。"周瑜呢,只当没听见,此刻他正在引用《论语》中的"道之以德,齐之以礼……"正在兴头上。村妇毕竟是村妇,不是建业城内那些涂脂抹粉,一口一个老爷叫着的大家闺秀。村妇一双粗手,穿着葛布衣服,和男子一样身强力壮,平时在家做女红织布,农忙时扛锄头推犁也不比男人差,是那个时代的"铁娘子"。"启禀"两次无果以后,村妇,也就是我,径直一脚踹疼了周瑜所骑的马的马腿。马受惊后扬起四蹄,痛苦地嘶鸣,周瑜总算住了口,使出全身力气控制住自己的坐骑。

"大胆泼妇,竟敢伤我宝驹!"那一众兄弟听了,赶紧上前来将我控制住。周瑜其实清楚自己的马没什么事,但古代不像现在有汽车,马就相当于当年的车,周瑜那匹汗血宝马就和现在的宝马差不多贵。所以他大声呵斥是有道理的。现在形势发生了一些变化，周瑜还是端坐在他的高头马上，而他的几个兄弟跳下了马，把一个忤逆了长官的村妇控制起来，村妇半弯着腰，头强仰，恶狠狠地看着周瑜。

周瑜是真生气了，他万万没想到自己居然会被一个村妇冒犯。他仔细一想，堂堂东吴大将军兼任太守，怎么都得让冒犯自己的人吃不了兜着走。第一步肯定是要树立自己的威信，让刁民"敬之如父母"。他一招手，让一个弟兄抬出他常用的那面大鼓，奋力敲了一阵。鼓声隆隆，震天动地，确实唬住了村妇。但他敲了一阵，手就累了，一想没趣，就把鼓撤走了，他确实擅长演讲而不擅长敲鼓。他一停，村妇就又恶狠狠地盯着他。他又吹号，他一吹，村妇就吓得把头低下去，他一停，村妇就恶狠狠地看着他。

周瑜觉得烦了，他从前只被他老婆小乔这样恶狠狠地盯着过，这使他觉得自己被村妇给欺侮了。小乔怀疑他在外面有事时，就是用这种目光看他。周瑜会怕老婆吗？三国时期宋明理学尚不发达，"夫为妻纲"的"先进"观念尚不普及，所以妻子对英俊风流的丈夫不放心，恶狠狠地监督也是正常的。周瑜为娶到一个漂亮的老婆想必在家庭生活中牺牲了很多，大抵也是怕老婆的。他现在兴头已经过了，但那目光还是直勾勾地盯着他，于是他倍感不自在，心想的全是怎么摆脱、处置这个妇人。他跳下马来，径直走到妇人跟前托起她的脸。

"你为何敢冒犯本官？"

村妇，也就是我，真想给他一巴掌，让他结束幼稚的表演。奈何我已被控制住了。我就只好低声下气地说:"启禀大人,小女还要回家喂鸡、喂猪、奶孩子。大人的演讲气势磅礴,小女深感折服,只因小女时间局促,不能洗耳听毕,望大人雅量,放小女回家,收拾寒舍。"

周瑜难得被人这么央求,心有点儿软了,但他又觉得不惩办难以教化百姓遵纪守法……

他发现村妇的衣襟微敞,不合《礼记》中的着装规范,叱令左右把村妇的衣服理好。"如此放荡有伤风化,若有下次,本官拿你是问。"他大喝一声,那帮兄弟齐答"喏",骑马扬长而去。

我觉得有些莫名其妙,但念及长官的大恩大德,心头也就为这无厘头的事端感动。

我动身往回走,回头一看,只见烟尘漫漫,火光已微弱得看不见了。

我眼前一白,视线回到课堂,回到眼前的文章,迟子建的《与周瑜相遇》。"好一篇优美而奇妙的文章。"窗外天气乍暖,春风阵阵,阳光被摇晃的绿树搅碎了投进窗来,映在我的蓝白校服上。我长哈了一口气,揉揉疲惫的双眼,适才像是我变成了村妇,那谁会变成周瑜呢?诗化的语言融解了我对俗世的渴望,我乘舟在亦真亦梦的世界徜徉。

指导教师:黄亚妮

七里香长廊

——致七中每一段不舍的经历

◎高 2020 级 13 班 郑凯瑞

林荫中街一号，七里香长廊。

他说："今晚月色真美。"

她说："以后也会很美。"

他问："你什么时候动身？"

她答："明天一早。机票已经订好了。"

他问："以后还会回到这里吗？"

她答："一定会的，就在这里。"

两年前，墨池边。

"哇，烛姐，你怎么能画得这么生动啊！"清脆而羡慕的女声扰乱了盛夏的蝉鸣。

"小羽你也画得挺好啊，"被称作"烛姐"的女生微微一笑，"这颗石头的光影位置稍有点儿瑕疵，可以这样……"

每至盛夏，成都七中校园里总有着这么一道风景线：美术生们散落在校园的各个角落写生。姜烛正是其中一位。不过，略有不同的是，姜烛从小学习画画，被老师称作"奇才"。生来就天赋异禀的她也顺理成章进入了成都七中。这个夏天，是姜烛第一次自由地在校园内写生，然而她的作品，丝毫不亚于已经待了一年多的高年级美术生。

化学竞赛教室，在正对着曦园，也是离格致楼大门最近的教室里，高一的化竞党可谓最"贴近自然"。钱晔的座位正好坐在窗边。"接下来，我们来看一看 Heck 反应。这种反应是……"教练又开始讲课，却没有把钱晔的心拉回来。此时的他已经被窗外墨池边的一道倩影迷住了。乌黑的秀发披在校服背后，束成一个马尾，"就像是从漫画里走出来的一样……啊"，头上突然被打了一下，钱晔回过神来，"那你来说说，苯环上的碘可以换成溴吗？"教练微笑着……

下课后，莫逸凑了过来，"小叶子是看到什么美女了啊？""滚，滚一边去。"钱晔不耐烦地推开了莫逸。那个女生早就走了，但钱晔已经将她的背影镌刻在了心里。

那天晚上，钱晔怎么也睡不着。"得想个办法认识她。既然拿着画板，那应该是个美术生吧……明天应该能遇见。"

可巧不巧，第二天雨落个不停。"这鬼天气……"钱晔心情烦躁，尽管是在自习课上，他还是拉过莫逸，问道："莫师傅，你消息灵通，见多识广。你知道我们学校的美术生……就那个、那个昨天在墨池边的那个女生，是谁吗？"

"嘿，小叶子，美术生这么多，我怎么知道昨天谁在？再说了，咱也不知道每个人啊！"莫逸白了钱晔一眼，"不过嘛……要不，我带你去博雅楼看看？"

"那走？"

"走呗。"

两人冒着雨飞奔到了博雅楼。偷摸着来到四楼，"轻点儿，轻点儿，别被老师发现了。"钱晔压着声音、低着腰。莫逸拗不过他，也只好照做。

摸到门口，钱晔小心翼翼地探头。"我看看，应该是……嗯……怎么没看见呢？"

"可能别人不是美术生啊。"莫逸戏谑地说出了钱晔的担心。

"走吧。看来是找不到了。"钱晔转身，正准备离开，一抬头，一个女生正用好奇又好笑的眼神看着两个男生。"请问两位是来找谁呢？"女生一笑，问道。

莫逸转过头，看到背后站着的女生，赔笑道："那个……姜烛同学，我是陪他来找，嗯，他昨天捡到了……嗯，捡到了一支毛笔，觉得可能是美术生的，就来找一下主人。"

姜烛一笑："劳烦二位了！但是我们没有人掉笔。另外，雨这么大，你们又没拿伞，需要我借你们一把吗？"

钱晔一看，雨的确下得大了。"那就，谢谢……姜烛同学。"钱晔双手微抖，接过姜烛手中还在滴着水的伞。

回到化竞教室。"看来是找不到是那谁了。"莫逸叹了口气。"没帮到小叶子你这个忙，我很抱歉。"

"没有。找到了。"钱晔低声嗫嚅。

"你不是说没看到吗？"莫逸很奇怪。

"姜烛。"

"谁？！"莫逸唰地一下就站起来，桌子上的《基础有机化学》掉了也不捡。"她？你，你看上她了？"声音之大，把所有化竞同学的目光吸引了过来。"你知道有多少人喜欢她吗？

她又拒绝了多少?全部。人家是被清华内定的,你觉得会轮得到你?"

啪,钱晔一拍桌子站了起来,盯着莫逸:"会!"语气坚定,毋庸置疑。

高中生之间的好感和友谊是朴素而纯粹的。那天雨停之后,钱晔将伞归还给姜烛。在莫逸看来,这小子一有空余时间就往博雅楼跑。虽然回来的时候,总是垮着一副脸。每次莫逸问及,钱晔只回答:"还差一点儿。"不过肉眼可见,钱晔在笔记本上画的画愈来愈好。

钱晔已经两天没来上课了。大家都很清楚。钱晔平常的成绩,进入省队应该是把稳的,但是他这次却考得出奇地糟。对于竞赛生来讲,高二的时候倘若竞赛失利,就只剩下高三一次机会了。这无疑是很大的打击。

钱晔再来时,已是两周之后。不过,出人意料的是,他的身边多了一个人——姜烛。

莫逸人都傻了。半个学期加一个暑假,这人怎么就和姜烛熟了?他百思不得其解。

"你们熟识了?"钱晔在门口与姜烛分别后,刚坐在座位上,就被莫逸问道。"还差一点儿,还没怎么交往呢。"罕见地,钱晔第一次在后面加了一句话。

一切仿佛又回到了正轨。上课、刷题、考试,晚饭就和姜烛一起去食堂,吃一样的菜,去红旗小卖部买一样的零食,在操场散步,看着别人打排球。当看到教导主任李华川老师,又都把头扭开,自动分成一前一后,装作谁也不认识谁。晚自习

· 068 ·

下课,并挨着在七里香长廊坐着,谈爱好,聊未来,说说自己所见的趣事。

一天夜里,凉风习习。透过七里香长廊的顶部,可以看见圆圆的月亮悬挂在天上。

"那个……姜烛。其实,我一直很想对你说……"钱晔停顿了一下,从身后摸出了一套毛笔,"生日快乐!还有,我……我……希望你前程似锦。"

姜烛扑哧一笑,"我看你们竞赛生都不会说话啊!"拿过毛笔,姜烛右手牵起钱晔的左手,放在他的胸膛,"这个时候,应该说:高考顺利!"姜烛站了起来,头发映着月光,转过来,对着钱晔,一字一句地说:"我,也,是,啊!"

从此以后,成都七中操场上、博雅楼下的观众席上、食堂的角落里、夜晚的七里香长廊下、图书馆的二楼,多了二人的身影,时而欢笑,时而私语,洋溢的是青春的气息——男女生之间朦胧的友情。

又是一个夜晚。钱晔不断地抽噎,姜烛坐在旁边拍着他的肩膀,用纸巾轻轻地拭去他脸上从手指缝里流出的泪水。"没事了,没事了,毕竟还有一个金牌嘛。我还在这儿呢,没事儿!都哭成什么样子了。"

钱晔这次竞赛以四川省第一名的成绩进入省队,却以第五十一名的成绩,差一名入选国家集训队,拿了个"假金牌"。本就崩溃过一次,但当看到姜烛的那刻,当坐在七里香长廊的那刻,他的泪水又夺眶而出,他知道,姜烛的艺考对她而言如喝水般简单。姜烛去清华美院板上钉钉了,而他的清华梦,在成绩出来的那一刻，轰然破灭。

"就算竞赛保送不了，你不是还有强基计划吗？强基破格入围、笔试满分的优惠也是很大的呀！"姜烛想着法安慰他。

钱晔抬起头，用沾湿泪水的手，握住姜烛，问："如果……如果我高考也失利了呢？"

姜烛又笑了起来，笑声如银铃。"你看吧，我说过你们竞赛生不会说话吧。你应该说：老天爷总该成全你了吧。"摸摸钱晔的头，"我相信你，你也要信我，更信自己才是。"

那一晚，他们在七里廊坐了很久，无言。

（四月初春。七里香长廊，夜。）

于是发生了开头的对话。钱晔知道，清华校测和高考是姜烛需要过的最后一关，但无论是何者，对她而言都不是问题。

"去北京以后，什么时候回来？"

"高考会回来一趟。近几年老爹生意赚得多，在北京买了套小房子，此去之后，还会在那边补课，暂时不回来了。"

第二天，钱晔请了一天假去机场送行。

"记得我们在七里香长廊的誓言吗？"

"当然。"

"我想擅自加一句：不仅你要回来，我也会过去。"

姜烛又哑然失笑。"看来，你终于会说话了。"

钱晔目送飞机远去。他翻看手机，距离高考还有六十天。

指导教师：黄亚妮

天 境 峰

◎高 2020 级 10 班　黄帝裳

到天境峰去。

——题记

降　临

在万众簇拥中，他踏进了那扇门。

光芒和波纹吞没了他，他感觉到身体在升华，每个角落都焕然如新；但同时他也感到了眩晕，意识在不由分说的撕扯中溃散，但直到清醒的最后一秒，万人的欢呼仍旧如影随形："天境峰！天境峰！……"

尚衣从翻涌的画面中猛然惊醒，随后剧烈咳嗽。他发现自己正俯卧在一条溪流中，没有在昏迷中溺毙真是他的幸运。他挣扎着起身，揩去溪水，眯眼打量这片陌生的土地。

树木蓊郁，阳光不辨真假地从叶缝中投下实像虚像，花草满地，溪水沉默流淌，空气中有浆果和墨水的清香。

尚衣没有放松警惕，更没有忘记他的目标——在无尽的期待与艳羡中踏进那扇门，他要寻找的是自己和同胞们梦寐以求的天境峰。

"到天境峰去!"这句话已经在无数代人的口口相传中潜藏在了集体无意识之海的深处——至天境峰触天境,这样的英雄会给他和他的族群带来永不磨灭的荣光。

可天境峰在哪里?就是这里吗?尚衣振作精神,身轻如燕,虽然剧烈的震荡后他的精神昏昏沉沉,但身体的升华让他依旧有信心日行千里。那就先看看吧,至少先弄清这是哪里。他如此想着,迈开了向前的脚步。

源流、泉鸟、合垣系统

沿着溪水,在忽明忽暗的林荫里穿梭,尚衣忽然听到了抑扬而清脆的诵鸣声:"鹰窠里憎鸥,鸠巢中俊鹞。称尊未必尊,做小未必小……"

似乎是一首诗偈?尚衣加快脚步,循声赶去。在诵鸣的源头,他发现了一只鸟。

这鸟不过巴掌大小,眼睛纯黑,每一片羽毛都在阳光下蓬松而绚丽地轻摆着,不似羽毛,反倒像簇拥着伙伴的精灵。而小鸟头顶处有一片最长的羽毛,尚衣发现自己找不到任何词语来形容其上流转的光晕,并且不论微风吹向何处,它始终立着,似乎不会与这个世界发生任何相互作用。

但这还不是最令尚衣震惊的地方。他发现,小鸟的翅膀,似乎是对称、平滑且无限伸长的。翅膀根部是平滑的圆弧,与小鸟的羽毛同色,而翅膀的弧线优美地舒展,颜色由深变浅,弧度由曲变直,层次由厚变薄。最后,翅膀变成了一条淡淡的直线,隐没在了无穷远处……

良好的定力使尚衣没有惊叫,但小鸟还是注意到了他:"有分晓,海水不禁……呀你来了?咯咯咯……"

小鸟发出问候以及古怪的嗤笑。

尚衣惊疑不定,正要开口询问,却被小鸟直接打断:"来得正好,我在思考问题时想到了这首好诗。而你的出现让我虽然没有诵完诗但却找到了灵感,我给你分享一下……"

小鸟叼起脚边的树枝,轻放在地上。垂直于树枝的方向,立刻出现了另一条若隐若现的线。

"喏,实轴、虚轴、复平面,如果我们把欧拉公式这么表示的话,那……"

看来必须开口了,天知道它会拖多久。

"我知道您的意思了!您好,请问这是哪里?还有天境峰又在哪里?"

"这是哪儿?不清楚。天境峰?嗯……也不太清楚……"小鸟纯黑的眼眯了一眯,"嘿,你难道不好奇我是谁吗?我的羽毛可是用彤裙的焰色调的,我的顶羽的折射率是无限微分处处不同的,我的翅膀更是用三维抛物线和双曲线拟合的,双曲线离心率还是自然对数呢,咯咯咯……这些你都不好奇?"

"不了前辈,我只想找到天境峰。"

小鸟沮丧,连头顶始终立着的羽毛似乎都萎蔫了。

"那你总该关心这是哪里吧。咯咯咯,别急,先听我自我介绍。"小鸟眼睛一亮,又振作了。

"我很喜欢那条小溪,大河之源泉,所以到了这里之后,我就叫'源泉'啦,而这条溪,我管它叫'源流'。这个嘛,因为它起源于'源晶',流向'无尽海'——当然这也是我起的哈。"泉鸟滔滔不绝,"其实,不瞒你说,我也是一个外来者——我来自更高维的、概念的世界。原本我正遥遥地观测这里,突然就被一股震荡击落了,然后——就出不去了呗。你看到的我的身体是我自己打造的,它无法很好地和这里兼容,因此保留了母世界的一些特征,咯咯咯,你看——,但这样也好,能让我不至忘记故乡……"

满脸感怀,泉鸟晃了晃头,顶羽岿然竖立;又扇了扇翅膀,无穷远处的直线随之飞动。

"这里嘛,我管他叫'合垣系统'。从很远很远的地方看,这里是合垣行星,而'合星',喏,发光的球;'垣月'嘛,嘿嘿,你会看到的。至于为什么要这么叫。咯咯咯,天黑了告诉你,咯咯咯……"泉鸟的声音略显抱歉,但尚衣却从他小小的脸上看到了一丝坏笑,"走咯,带你看看源晶,顺便去见一个人。"

"那,天境峰……"

"别问,问就是不清楚。你若真想问就随我来,他或许知道吧,咯咯咯……"泉鸟一拍翅膀飞射出去,只有他的嗤笑还留在原地,耐心地等待着尚衣回神。

雅利安绅士、梅花鹿、涓雷

"就是这里啦!"日落时,泉鸟轻巧地停在了树林尽头的枝丫上,对着身后的尚衣满意地说,"咯咯,看,源晶!"

尚衣望去，发现开阔的草原出现了，而在草原森林的交界处，躺着一个石球，石球上浮着一块淡蓝色的菱形水晶，水晶在日光下微微闪耀，空气随之润泽，汩汩的水从石球的孔窍中流出，最后分为两路，一条流向尚衣身后的森林；一条流向草原，在一座山丘背后消失了。

"源晶的水是生命之源呀，它浇灌了森林，浇灌了草原，也喂饱了我，虽然我似乎不用喝水，但架不住它好喝呀咯咯咯……来，源流之始的水最好喝，尝尝！"

在泉鸟的强烈建议下，口渴的尚衣捧起了这水，缓慢啜饮。

嗯？！身体的疲累，精神的昏沉一扫而空，尚衣觉得这水的功效虽然不那么神奇，但也相差不远了。而且它温润滋补，这特性是连升华也无法比拟的，真是好水！冥冥中，尚衣感觉世界的某一部分苏醒了，它在远方呼唤着他。

"是吧？还真是好定力，老头子说他第一次喝的时候差点儿没蹦到天上。之后就心心念念在源流的上游找地方酿酒……不累了吧？我们走，咯咯咯……"

转过山丘，几间木屋赫然出现。这让久未见人烟的尚衣激动不已，他的脚步骤然加快，把泉鸟都甩在了身后。

在靠近柴门时，尚衣听到了一阵的窸窣声，一转头发现一只披着白花的美丽小兽跳远了，她随后在夕阳中回头，打量着他。

小兽有着尖俏的耳，漆黑的眼。尚衣和他的同胞们的眼珠是黑的，但还有眼白，就像是为欺诈狡黠特地留下空间；泉鸟的眼也是黑的，但这种黑是概念性的绝对纯粹深不见底的，尚衣并不喜欢这种感觉；而她的黑眸，却是五光十色神采飞扬的。尚衣从未见过这种眼神，不由得放慢脚步，向她点头致意。

"那是梅花鹿，这里的精灵之一。"柴门开了，老头立在门口笑看着尚衣。

他的面相让尚衣想起了自己曾经生活之地的茶馆老头——圆圆的鼻头，稀疏的头发，宽厚的面容，微笑的眼。但他却穿了一套看不出新旧的英伦礼服。他说的话尚衣虽能勉强听懂，但其音调真是闻所未闻。

"嗨，老头，进屋说如何？"泉鸟跟了上来，语气轻松。

"好啊，尝尝我的酒。"

陈设简单的屋里，老头、泉鸟与尚衣围坐（泉鸟立在一块木桩上，木桩上还有一小碗，里面盛着酒），老头端起碗跟尚衣碰了碰，又对着泉鸟和在窗台张望的梅花鹿举了举碗，"不管小友来自何方、为何而来，这碗酒都为你洗尘，喝！"说罢便自顾自地一饮而尽。

"哈！上好的坑陶酒！知道秘诀是什么吗？上游的源流水，手工的坑陶，还有好朋友啦！"

"咯咯咯……"泉鸟笑着啄了几口。

"您好……我想问问，天境峰，在哪里啊？"尚衣却没有喝，拘谨地轻声发问。

"嗯——我也不太清楚。不过，我比这鸟早来这里，我再给你介绍介绍吧。"老头笑容满面，"我叫'雅利安绅士'——

因为我是纯正的雅利安人,我不知道是怎么到这里来的,那时我好像在外面游荡吧,走着走着就过来了,我也想出去啊,但是出不去,怎么走都不行,但之后我发现这里很好啊,索性就不走了,建木屋、烧坑陶、酿酒、交朋友……哦,的的确确,我现在已经爱上这里了。"

绅士又给自己盛上些酒,不顾尚衣对他那"雅利安人"身份的怀疑神色,继续说道:"这个世界很好哟,有森林,奇花异草,精灵,再沿着源流走可以到达无尽海,还可以看到彤裙,有什么不好嘛。你说的天境峰,我没太听说过,到无尽海看看或许能行?"

尚衣正要起身,却又被老头拦住了:"天黑了,今晚在这里休息吧,晚上遇到涓雷兴许会有危险。且明天梅花鹿也要去无尽海,你们可以结伴而行。对了,在这里我还可以教你雅利安语哟!"

说罢,他把尚衣没动过的酒倒在自己碗里,一饮而尽,"你不喝我喝,哈哈。"之后他又面有醉色、笑容可掬地看向泉鸟,"你,我就不管了,谁叫你飞得快呢,但今天或许……不是这个样子的,你别喝醉了一头栽倒在路上……"

"只么泥里洗泥,到了全没分晓。咯咯咯……"泉鸟则嗤笑着诵起了诗偈。

夜幕降临,尚衣在客房迷茫地打开窗子张望。

"'夜中不能寐',在想什么呀?"泉鸟飞来。

"'翔鸟鸣北林',不就是等你来嘛。说说'垣月'吧。"

"别急,它马上就升起来了,咯咯咯……"

半晌,尚衣震惊地看见一个纯白的圆球缓缓出现在了地平线——一个绝对光滑完美的正球体!而它完全升起时竟占据了三分之一的夜空,尚衣感到有无数的小手在把自己向上扯,让他的身躯更加轻灵了。

"这是——'垣月'?"尚衣的舌头几乎打结。

"嘻嘻,是的。唉,原来我观测时,它还只是一颗普通的伴星,可我的到来干扰了它,不仅把它变成了现在这样,还改变了它的轨道以及与这个世界作用的规律……不然,按我计算,它不可能和这行星靠得这样近,还转得这样慢……"泉鸟抬起翅膀,用无限长的翅尖指着大圆球,"取名'垣月'嘛,是因为它已是'颏垣之月'了,但颏多不好,那就剩垣咯,因而叫垣月。而且我觉得这里已经不能算是'星系'了,便称它为'系统'啦……怎么样,你是不是也觉得'合垣系统'这名字取得好?"

"我只想知道天境峰在哪里……"

话音刚落,雷声响起。这雷声声如钟吟,在清脆的霹雳声中,蒙蒙细雨洒下,尚衣感受到一切生物,包括木屋的木头,此刻都愉悦了起来,并开始蓬勃生长。梅花鹿在细雨中蹦蹦跳跳,尚衣有些呆了……

"这就是渭雷,一点儿也不危险。那老头是孤单了想好好招待你,才那么说留你的,所以我没有打断,咯咯咯……不过,明日你倒真的可以和梅花鹿一起去无尽海看看,天境峰什么的也许会有希望呢?我就回去想欧拉公式啦,说到这个我突然想起你知不知道和差公式是什么……"泉鸟继续絮絮叨叨。

尚衣则在久违的困倦中闭上了眼,雨一直下……

无尽海、彤裙、书生、乐子人

尚衣在晨光熹微时起床,他几乎是从梦境的末梢蹦起来的。推开客房门,却发现绅士早已衣衫整齐,拿着竹简在院中念念有词。

"呀,起来啦。真早!"绅士从竹简中抬起眼,微笑着对尚衣打招呼,"的的确确,我嘛,睡眠少了,早晨就喜欢起来诵读一番雅利安语。说到这个,我越来越发现,虽然不属于这里,雅利安语却与合垣行星的土地异常契合,我正在探索,也许你也可以加入。好啦,我知道你要去哪里,梅花鹿在门口休息,叫醒她,你们一起出发吧。我正打算给竹简注个日期,就写在右上角吧。不留你啦……"

绅士进屋了,尚衣迫不及待地推开柴门,找到了靠着树桩昏昏欲睡的梅花鹿。

"你好,我们走吧?"虽然急切,但尚衣还是压低了声音,俯身轻轻对梅花鹿耳语。

梅花鹿抬起眼,神采凝聚了一丝,就又散了,她别过头闭上眼睛不理尚衣。

"这……"始料未及,尚衣急切又无奈,他想直接推醒这懒虫,但突然想到现在确实太早了,自己似乎不占理,也于心不忍,只好在一旁闭目,开始梳理他目前经历的种种……

无迹可寻的天境峰,诡异的合垣系统,外来者泉鸟和绅士,神异的源流和梅花鹿……

尚衣无奈地睁眼，发现毫无头绪，眼下只好去无尽海看看，那里又会有什么呢？

梅花鹿睡了整整一个时辰，她睁眼时，合星早已挂在树梢。

"呦？"梅花鹿对尚衣的识趣非常满意，她先起身蹦跳到源流处喝了个饱，才眯着眼转头，示意尚衣跟上。

涓雷让这片草原更加润泽了，微风拂过，落英漫天飘舞。顺着源流前行，梅花鹿在草丛花朵间穿梭，左顾右盼，不时望向沉默赶路的尚衣，缤纷的眼里一半是好奇，另一半是强烈的好奇。一路无话，他们来到了无尽海。

无尽海是源流的终点——源流一路向下，在富集了整片草原的水分后终于汇成了这片大湖。但，是湖？不，是海！尚衣一见到它，便下意识地认可了泉鸟赋予它的名字。在这里，每一滴水都深不可测，因而无尽海便可以是你所能想象到的任何颜色，但它的表面却绝对真实地映见了世界。通过忠实地映射来隐藏，是融入永恒的途径吗？尚衣若有所思。

"呦呦！"梅花鹿对尚衣的愣神不满，便扯着他的袖子，示意他继续跟上。

他们绕着无尽海的边缘跋涉，十来分钟后，便来到了无尽海的尽头。

这是一片悬崖，无尽海的水流飞泻向下，却安静无声。尚衣试着向下张望，看到的只是浮云和令他眩晕的苍茫。但梅花鹿带他来此别有深意。

在合星的光芒逐渐黯淡后，头顶的云层开始散开，又聚

·080·

集,变成了一件层叠曼妙的纱裙。合星的清辉洒落其上,纱裙便如火烧般红了。神奇的反应开始在彤云周围以惊人的速度进行,与之相伴的是五光十色的霞光,亮绿到浅蓝,深黑到纯白,那些反应是如此迅速,光晕交错变幻到了可以流淌的地步,看着它们,尚衣没来由地想到了命运。

"'裙状彤云',简称'彤裙'。'榴花不似舞裙红。'怎样,还喜欢吗?"

尚衣突然听到自己的声音在身后响起——虽然多了一些文弱,但那确实是自己的声音!

尚衣寒毛倒竖猛然转身,发现一个宽袖长袍的人,正抱着酒坛痛饮。

"你是谁?"尚衣发问。可那人毫不理会,说完那番话后,他便自顾自地喝酒,向无尽海走了过去。

"你?""别问了。玩元神玩的……"又是一个低沉而高亢的自己的声音在背后响起,尚衣再次如遭雷击般转身,发现一个惨淡的黑色人影站在了面前,他的四肢和面容抽象,尚衣只能隐约辨认出他的嘴角向下,眼角眯起——是在哭还是在笑?正想着,自己的声音再度响起:

"他是'书生',我是'乐子人',他最近看了《元尊》,正喝着桃花酿要抱纸片人仙女呢。不过给他点儿时间换本书也许会好点儿?"黑影正说着,便被书生的痛呼打断:"老马!老马啊!"

"乐,又看到什么了?我说与我无关。你是尚衣吧?我们俩知道,不过无所谓。别问,问就是不知道,好吧?我们互不打扰……"

乐子人说罢,影子一闪,便消失了;书生带着醉意走着,居然走到了无尽海上,他的身形也在水汽弥漫间失去了踪影。

尚衣彻底迷茫了,而此时梅花鹿蹦跳了过来。一人一鹿呆呆看着彤云,直到垣月升起。

帝　皇

在无尽海一无所获让尚衣失望至极。他失魂落魄,抛下惊讶的梅花鹿一人上路。

他并未原路返回,而是贴着无尽海的边缘继续前进,他打算绕行这个世界,搜寻每处角落,直到天境峰出现在他的视野。

"'雾失楼台,月迷津渡。桃源望断无寻处。'你……是在找什么吗?"书生幽幽出现。

"天境峰,知道吗?"

"唔……不知。但也许我可以跟你去看看,我现在的状态正常了,我走出来啦!"

"嘻嘻,乐!很快又会陷进去的!走着瞧吧!"乐子人也钻了出来抽象地怪笑着。

"哼!"书生嗤之以鼻,"嗯?"

书生突然心有所动,向无尽海一抓,一道光影便出现在了他的手上。那光影面目不真切,似着长袍,留着一字胡。书生眼前一亮,小心地将光影贴向眉心。光影融入后,他面露陶醉,周身气质变化。"当我沉默着的时候,我感到充实。"书生说罢，便闭眼消失。

"嘻嘻，看吧，就这样，新皮肤！"乐子人摇头晃脑，"人睡到不知道时候的时候，就会有影来告别，说出那些话……真绷不住了，别担心，我们会常见面的。"他也消失了。

接下来的日子，尚衣继续赶着路。路程上有书生和乐子人不时到访，倒也不觉寂寞。书生每次出现都会模样大变——这似乎与他吸收的光影（他自云"在看的书"）和精神状态息息相关。乐子人倒变化不大，只是每次他在快乐中说的话、提的问题都让尚衣觉得既抽象又深奥，答不上来。但他却也因为他们而不时陷入沉思。他想的更多了。

尚衣越是前进探索，越是发觉境况严峻：首先，这个由森林、草原、无尽海构成的世界并不大，其中丝毫没有天境峰的影子；其次，他出不去。

在森林深处，在源流渐渐消失的地方，他一次又一次地迷路返回原点；在森林和草原交界的边缘——一片石笋地带，离世界越远，石笋越密集、高大、锋锐，到最后其间甚至有狂风徘徊，在差点儿被风吹到石笋上捅个对穿之后，尚衣暂时放弃了；而草原的边缘是无尽海，无尽海的瀑布飞流直下，尚衣也试着垂吊而下，却遭遇了来自云层的风暴和雷击……

尚衣日复一日地尝试，除了生命垂危外毫无建树。直到有一天，他遇到了帝皇。

在一次垂吊时，尚衣遭到了猛烈的雷击，之后狂风更是直接吹断了他的绳子。

"结束了吗？"在抽搐坠落时，尚衣绝望了，几近昏迷。

"来！"威严的声音震碎了绝望。一抹金光闪过，他用尽最后的清醒伸手抓住。

一个神秘的场域张开了，在这个范围内的狂风和雷霆都被强行压制，一套厚重的铠甲从虚幻缓缓过渡到真实，覆盖了尚衣的身躯。这铠甲通体金色，周身又有黑白和其他颜色不断涨落，它的每一根线条都浑然天成，锋锐又浑圆，如果尚衣醒着，那一定会对这概念性的描摹感到熟悉，它的面罩是龙形的，眼睛处的红色面罩透着深不可测的光辉……

铠甲在附体后强行止住了尚衣下落的势头，它抬手一挥，面前的空气毫无征兆地凝聚，一道比所有狂风更为锋锐的剑势凭空浮现，在风暴云中斩开了一条路，之后它从容上升，将尚衣带回了上空美好的土地。

"咯咯咯……"尚衣在嗤笑中醒来，发现自己正躺在绅士的客房中，泉鸟立在床头，绅士坐在一旁微笑着看他，梅花鹿则在窗边探头探脑。

"你浑身湿透冲进来，一进门就昏迷了，喊着胡话'帝皇、帝皇'，我们都很担心你……"绅士先开口。

"你呀，就是太急躁了，看来是想马上出去吧咯咯咯……这么危险还不叫上我们，这个不对。"

"不要急，有挑战的时候，更要做好准备。如果有我们陪着，你多少也安全点儿。还有，这个世界是有规律的，你可以多了解，也许，就找到出去的办法了呢？"

"呦呦！"

"安全？"尚衣心中一热，又暗自嘀咕，"那么帝皇，是不是可以带我化险为夷呢?"

不论如何,尚衣接受了建议。之后,但凡冒险,他都让泉鸟或绅士陪同,当然,偶尔会带上梅花鹿。直觉告诉尚衣,绝境崖(泉鸟语)是最可能的突破口,他决定从这里开始。而一鸟一人一鹿在出手时展现出的本事也让尚衣大开眼界:泉鸟能指挥他钻出风暴,据他所说,这得益于导数法向量和渐近线缺一不可的精确计算;绅士则会在他遇险时默念雅利安语,从而让重力短暂倒转,风雷暂时停滞;至于梅花鹿,她选择通过安抚云层或催长植物来帮助尚衣,她最为强大,却做得最不情愿,似乎是不愿让尚衣屡屡涉险……

但尚衣最大的依凭,还是帝皇。在云层深处真正走投无路时,帝皇便会附身,强行将尚衣带离险境,但是帝皇似乎和书生、乐子人同属一类,他们都仅尚衣可见——每次同伴们看见尚衣绝处逢生都感到不可思议,但也都不知道尚衣是怎么做到的。

与此同时,尚衣开始了解这片土地。在泉鸟的指导下,他对合垣系统进行了充分的观测和演算,掌握了泉鸟的方法,也了解了事物运动的道理;在跟随绅士学习雅利安语,以及与无尽海几天一个新皮肤的书生和满口抽象的乐子人对谈后,尚衣的思路更加清晰,他开始理解语言和思想与世界的联系;而在梅花鹿的带领下对世界现象,如彤裙、涓雷进行的领会,更让他真正明白了何为变化、何为生命……尚衣在风暴中越走越远,没有一天不想着离开去寻找天境峰,但同时,他也不得不承认,就算暂时不能离开,就算没找到天境峰,自己仍开始喜欢这里了。

变　故

在一个垣月高悬的夜晚。尚衣和伙伴们饮着坑陶老酒，聊着天。

"天境峰，究竟在哪里呢？"

"不知道……哎，为什么叫'天境峰'？"

"据传说，跨门之后登峰，便可触及天境超脱世界，因此得名。"

"咯咯……我之前不是大概观测过这里吗？感觉应该有，就在某处吧，当时没在意，忘了，咯咯咯……"

"这样啊，那……"

突然，天旋地转，人仰马翻，坑陶老酒洒了一地，头顶垣月的光辉开始明暗不定。

"呦呦呦！"梅花鹿从篱笆外一跃而进，惊慌又担忧地看向众人。尚衣和绅士慌忙爬起，惊魂未定。而泉鸟却一头栽倒在地，顶毛颤动，浑身也开始忽明忽暗地闪烁。

"这？怎么了？"众人茫然无助时，泉鸟转醒，"这，这个不对……我……让我休息一下，想一想，这应该和我有关……"

泉鸟的纯黑的眼在闭合了一晚上之后睁开，他看向尚衣，眼里竟闪烁着前所未见的苦涩与无奈："确实与我有关，也与你有关。你我来到的方式同质共轭，因此互斥，而我本就与合垣系统不太兼容，所以，我要消失啦咯咯……"

"不用为我担心，时间对我没有意义，我的高维存在不会因此被消灭，我们有缘还会再见的。"泉鸟的苦涩无奈并未减少，"但是，有麻烦的是你。记得垣月是受了我的影响吗？现在我们叫它'刚体'，它和我一样不完全符合世界的规律。'因'在于我，而我消失了，'果'又会怎么样呢？要么被撕裂，你之前算过的，要么震荡着回到原位……"

"之后首当其冲的，就是这里。"绅士罕见地没有微笑，"总而言之，你该走啦。"

离　去

动身的日子到了，在垣月将升时，尚衣站在绝境崖，转身向这片土地最后一次致意。

在此之前，他做了很多事：痛饮源流和坑陶酒，倾听涓雷，观摩彤裙，作别泉鸟、绅士和梅花鹿。

"咯咯咯，宇宙很大，生活更大，我们还会相见咯咯咯……"泉鸟给了他一片尾羽。

"保重身体，稳步推进。"绅士给了他一条写有雅利安语的红绳。

"呦……"梅花鹿眼含不舍，低头蹭蹭他的手，在手背留下了一朵白花印记。

朋友们给了尚衣祝福和礼物，但他没让他们跟来。他觉得自己是一个人带着使命来的，也应一个人带着使命离去，而且他怕自己狠不下分别的决心。

"开始吧。"

尚衣一跃而下。

在已经熟悉的部分，尚衣凭着计算和雅利安语顺利通过。可是，风暴越来越大，风刀雷电，让他遍体鳞伤。

尚衣开始力不从心，又逐渐痛苦如万箭穿心，咬牙的坚持最终在又一轮碾压性的风暴面前崩溃。

"帝皇！帝皇！"尚衣在心里呐喊，这是他最后的依凭了。

但这一次，帝皇没有响应尚衣的呼唤。

尚衣在风暴中翻滚，一次又一次被雷霆击中。

"真的结束了吗？"

坠落……坠落……坠落，尚衣奄奄一息，觉得自己真是太惨了，但奇怪的是，他也觉得自己真是太幸运了。

突然，尚衣觉得身体一轻，好似有无数的小手在把自己向上扯。现在他管这个叫引力潮汐——是垣月！

尚衣心头一动，决定放手一搏。他用尽全身力气，用雅利安语高喊："帝皇！"

帝皇依旧没有响应。

但仍然有光照到了尚衣身上——钟吟般的涓雷带着绚烂的彤裙来到了他身边，彤裙层层压缩，愈发厚重，金红色外有十色的霞光流转；尚衣身体内的坑陶酒和源流开始散发热量和能量，支撑泉鸟的羽毛绽放光芒；尾羽的线条扩散，遵循着红绳上雅利安语的指导在彤裙上形成了那浑然天成、尖锐又浑圆、概念性的线条；最后，梅花鹿的印记化作一朵莲花在尚衣的头顶绽放，光华笼罩间铠甲活了过来。

"来！"不是铠甲的声音，而是尚衣自己开口。新的铠甲和他心念合一，神秘的场域张开，在这个范围内的狂风和雷霆都被安抚了。尚衣腾挪化去风雨,翩然离开——这一刻,他终于能够飞翔。

尾　声

尚衣在天与地的交界腾飞,感受着这副新的铠甲。

这不是帝皇,尚衣确信,虽然有着诸多相似,但这副铠甲和帝皇相去甚远:它没有帝皇那般霸道与强大,却与他的心念更加契合;它少了一份虚幻和神秘,却是他实实在在能够驾驭的;它的力量也是温和的,更可以与他不断成长。

"我还是叫你帝皇吧,我们一起向前……"

继续飞行着,尚衣心有所感,回头望去,他飞来的方向,云层簇拥间,有一座不知其高的巨峰矗立,峰顶没有山尖,水平宽阔的截面上,森林、草原、湖泊、瀑布好似依然历历在目。忽明忽暗的纯白球体高悬其上,两者都在闪烁中扭曲,最后光芒的频率达到极限,它们一起消失无踪。尚衣忽然觉得,如果此峰有山尖,那它真的能触及天境……

"我一直都在天境峰?!"尚衣濒临崩溃,"不对,至天境峰登天境,我……却没有,那么……它不是?"

所以,就算这里是天境峰,它也依旧不是……

尚衣忽而释然——他选择相信,相信无论过去种种,天境峰还是在某处等他。而他已拥有铠甲,他会一直飞翔,飞翔,直到有那么一个时刻——又一座通天的巨峰出现在他的眼前。

尚衣翩然远去,身形隐没在云里,向着天境峰飞去。

指导教师:刘　源

梦 中 绿 城

◎高2022级8班　王　睿

阿明一睁眼，便被眼前的景象吓了一跳：亮堂堂的大厅，棕色地板，四周墙壁上长满了绿油油的植物。"我的家呢？我在哪里？"刚揉开惺忪的睡眼，他便发现身旁有个身形窈窕、十六七岁的姑娘，梳着又长又直的马尾辫，身上穿的衣服是纯绿色的。"你好，我叫阿晴，欢迎来到绿城。"

"你好，你说这里是绿城，那是个什么地方？我为什么会在这里？"

"绿城是中国2056年建成的碳中和先行示范城市。这里结合了各领域最先进的科技，人们的生活方式都以绿色低碳为基本准则，这里践行绿色发展理念，坚持人与自然和谐共生，争取在明年达成碳中和目标。"阿晴脚边的宠物狗滔滔不绝地讲了许久，阿明惊讶地睁大了眼睛。"她叫晶晶，是一只机器狗，"阿晴笑道，望着晶晶雪白的毛发，"它的毛皮是用生物技术合成的，精确模拟了狗身上的皮毛。晶晶的芯片中详细记录了二十多年来绿城的建立、发展与完善的历史，它可爱和人分享了。"晶晶开心地汪了两声。

"可是我昨天晚上还在家里睡觉啊，怎么今天就来到了这里？"阿明搔搔头，一脸不解。

"你现在仍然在睡觉啊，这里是你的梦境。今年博士研究出一种量子技术，通过2023年的你与2056年的你的思想连桥构建量子纠缠，而让2023年的你的思想穿越到了这里。不用担心，博士让你来，只是想让你看看碳中和的城市是什么样的，快跟我来吧。"博士是谁？他跟我有什么关系？阿明心里纳闷，不过还是跟着阿晴向门口走去。

门口正对着一辆深蓝色的车，车顶上有两块像中间凹陷的太阳能板。车前车后都种满了小型植株，有爬山虎和蔷薇，正迎着阳光熠熠生辉。其他的都没什么问题，只是这车怎么没轮胎呢？阿明又纳闷了。"先上车吧。"阿晴边说边坐上了驾驶位。坐上副驾，阿明发现车上竟然没有方向盘和手刹。阿晴刚说了出发二字，两人面前便浮空显示出一个智能蓝色面板，这个面板是投影显示的，手指在空气中点击便可以与其互动。阿明只见她点了"碳转换站"四个字，便感觉车体悬浮了起来。"这是磁悬浮车，绿城所有道路下方都铺设了磁轨道，悬浮车只需通过太阳能供能就可以开动了。车身呈前窄后宽的流线型，使空气阻力最小化，储存一定能量在晚上用。十分节能。"阿明听了阿晴的介绍，果真感觉车行驶得很平稳。他往后一靠，椅背便随他自动向后倾斜。座椅就像沙发一样舒服，阿明迷迷糊糊地睡了过去。

再睁眼，已到了碳转换站。这里有一个庞大的机器，却在运转时安静无声，也不会冒出缕缕白烟。"你现在穿的还是几十年前的衣服，从生产制造到物流运输，再到填埋销毁，都要排放大量二氧化碳。现在你走进这个机器，它会自动将你身上所有的衣物材料转变为生物可降解材料。"阿晴解释道。阿明听话地走了进去，出来后衣服便成了和阿晴的样式一致的深绿色。衣服外表虽然简单，但很贴身柔软。

"你们这的衣服只有这一种样式吗？"阿明问道。

"当然不是，你想要什么样的？"

"我更喜欢蓝色的。"阿明刚说完，身上的衣服就变成了蓝色。阿明对这些神奇的现象早已见怪不怪了，只是望向阿晴寻求解释。"这些衣服就像磁悬浮车一样，都是全智能化的。芯片控制衣物材料的分子转移形成图案改变。请稍等，我还要支付你这身衣物的价格。"她挽起袖子，点了一下手腕上的手表，便弹出一个悬浮的蓝色界面。只见她点击支付了 200 碳排放币。随后她关闭界面并拉下了袖子，继续说道："绿城的通用货币不只有人民币，还有'碳币'，即碳排放币。一个碳排放币就是 1 毫克二氧化碳的排放。"

"所以我这身衣服只排放 0.2 克二氧化碳？"

"是的，但其实这也挺多了，碳排放币由绿城的绿碳银行发行并监管，每人月账户总额只有 3000 碳排放币即 3 克二氧化碳的排放量。一旦超额，就需要通过植树或进行公共区域碳捕捉来抵消，个人区域的碳含量超标也会被罚款。"阿明听完后点了点头，心里也为这 0.2 克二氧化碳感到有些惭愧。

"没事的，走吧，还有的是地方给你看呢！"阿明感觉阿晴像会读心术似的，总能看透自己的心事，又想到她说的博士，突然产生了一个疑问："为什么你们会选我来这里？还有博士是谁？"阿琴和机器狗晶晶对视几秒后说道："绿城是博士一手创建的，他带来了最先进的科技，并甘愿为绿城的建设发展奉献一生。他是绿城最伟大的创造者。而你也是对绿城很重要的人。来吧，我知道你对科技有很大的兴趣，在旅程的终点，我会告诉你你想知道的一切。"

阿明心中仍有疑惑，但一股力量驱使着他跟随阿晴继续深入探索这座城市。随后，阿明跟随着阿晴的脚步参观了配备智能屏的学校，学生再也不用背沉重的书包来来回回了；又进入了机器人餐馆，没有老板和服务员，菜品都是健康烹调制作，零碳排；之后前往了绿城的科研中心，阿明在那里看见了许多他梦寐以求的科技设备。最后，他们回到了最初的研究所大厅。

"现在可以把一切真相都告诉我了吧？为什么那个博士的科研成果与我的梦想那么贴近？"

"因为你就是他呀，"阿晴笑道，"阿明博士在大学毕业后就来到了绿城，他潜心于科研，并热衷于为绿城的发展助力。我是他的侄女，现在是绿城的一名高中生。我的梦想就是像博士一样为绿城的发展贡献力量。"

阿明听罢，久久不能自已。他完全相信阿晴的话，同时惊讶自己将来会是这么伟大的人。但他却又担心梦是假的，这一切都是幻觉。

"好了，戴上这个眼罩，你就可以回到现实世界了。记住，只要坚持你的梦想，梦就会成真的。"阿明恋恋不舍地戴上眼罩，下一秒便又昏昏沉沉地睡了过去。

"阿晴！"阿明猛地从床上坐起。看向墙上的日历，正是 2023 年。窗外，第一缕曙光穿过破晓的藤叶，天亮了。

指导教师：王　慧

亚特兰蒂斯

◎高 2022 级 4 班　张梓叶

我愿将我的脂膏，不息地流向人间。

一

我踩一双黑色的靴子，噔噔噔地上楼梯。我睁着一双明亮的眼睛，环顾四周。

五光十色的礼堂也正打量着这个不速之客。

我轻轻地拍了拍扶手，听着琉璃易碎的闷哼。像是怕被什么无秩序的东西缠上，我猛地缩回手，在围巾上擦了擦，摸到冰凉的金属扣。

我抬头向上看。

楼梯像一个盘旋的、张着大口的怪兽，引领我的意识到顶上的天空——蔚蓝得有些可怕的天空、琉璃做的天空。我迟疑了，脚抬起，又落下，砸在某级台阶上，发出空洞的绝唱。

我的耳朵动了动，连着耳坠清灵的脆响。听见 13 楼有大人物在演讲，于是我悄悄上去，站在人群里旁听。是一位慈眉善目的长者，正拿着木棍在地上画出图形。

"世人皆善，你遇到的人都是好人，你遇到的事都是好事。因为一切都存于秩序之中，无秩序是不容许存在的，就像混沌终将被消除一样。"

我不禁打了个寒战，紧了紧鞋带，想从这秩序之地逃出去。透过琉璃楼梯，流光溢彩的人们入了眼。

这些是认识的人。不妨加入他们。

我坠下，落在12楼的地板上。

"哎，你们来看，这不是克里斯吗？"栗色头发的小男孩儿好奇地叫道。其他四个孩子也纷纷围拢过来。

我望着整整齐齐的五颗脑袋，想起多年前并肩战斗时也是这样，这样的令人窒息的愉快。

我看不见孩子们左胸腔里跳动的某件东西。

孩子们你一言我一语地问道："啊，克里斯，听乌勒说你失踪了，原来是在13楼啊。"

"就是啊，我们想死你了呢！"

"听说13楼有大人物呢，可惜我去不了。"

"哇……是毕达哥拉斯老师吧？真想去听啊。"

乌勒轻叹一声："要是有机会，我一定要离开这见鬼的12楼！"

你曾有过许多机会。我看着他，不语，深紫色的眸子里漫着一潭死水。

孩子们理解不了怪物般的我，各自散了，去奔赴他们认为的各自的山海。

"这个世界不可能只有秩序的。"生于混沌的我——也就是克里斯,喃喃地说。我对孩子们的离去感到惋惜。

既然有人要谱写这极乐华章,那我便亲手将它撕碎。

我如是想着,回到了属于我的12.5楼,那里有我的山海和梦。

二

"就这样轻易地离开了?"

这个声音已经在我的脑海里盘旋了许多天。我试图屏蔽它,寻找一个我所不能及的东西。

没有什么华丽的衣裳可以粉饰我贫瘠的心。一个向往光明的孩子,所需的不过是夜的行囊。

我踏上荒原,看着这个曾经充满生机的地方。我瞧见荒原中央有一朵罂粟。

那被称为血之花的不祥的生命体,在混混沌沌的雪被下,开得轰轰烈烈,却岁月静好。

"嗨,克里斯,加入我们吧。我知道你的心在想什么哟!"

我本该属于它们。

我知道这是怎样的一种禁忌的东西,可它带着近乎妖艳的美……那是我从未经历过的。

生长,生长……

定了定神,我毅然地朝反方向大步跑去,生怕自己再迟一步就沦陷在这已成为花海的荒原。我狠狠地责备自己:"你难道忘了你要寻找的东西了吗?!"

我来到一座城堡，却见战火纷飞。

片片肃穆的羽毛从半空中飘落，看起来像是渡鸦的羽毛。可我却惊讶地看见它羽毛光鲜地停在红色的披风上，一双美目流转，随主人的滔天杀意而兴奋。

那么这是谁的羽毛？还是谁折了的翅膀？

"克诺诺斯·德·布拉德，我的伙伴。不，还是说，我的敌人？"

我害怕了起来。我好像离我的目标越来越远了。我睁大了眼睛，试图捕捉到一缕残魂。

刀光剑影映入了我渐失神采的眸。

我正大口地喘着气，在这金黄的稻田里。

几天前的一幕仿佛才发生一样。

"可恶，才这种强度就不行了吗?!"

说实话，现在是这么多天以来我第一次失去方向。我拨开稻穗，映入眼帘的是微红的流云。醉醺醺的风吹过脸颊。这一瞬的光明让我有些移不开眼。

我突然释然了，安心地回转身。

"喂，小鬼！听我讲啊！去挑战毕达哥拉斯啊！你难道不想为那些被他们轻率否定的东西正名吗?!"

不去想泡沫幻影的华丽，不去想曾经那么重视的和平。

我要关掉我的脑子。

"难道你想成为下一个希帕索斯被沉入深海吗？"

那个声音还在叫嚣，不甘中带了愤怒。

我紧了紧冰凉的披风。我说我就来自那里，来自无理数的海洋。——但是啊,我所要找的,不过就在前方,就在我失神坠落的一瞬。

除掉我吧,秩序的生灵们。

谁叫我心火发光之期,就是泪流开始之日?

指导教师:张　意

时间的礼物

◎高2019级4班　唐轩林

"稻花香里说丰年。"兰英站在田埂上，抱起一大把稻子，猛烈地甩动。饱满的稻穗急于挣脱束缚，掉落在拖拉机里。拖拉机拉着装稻穗的车开走了。兰英快步赶上，跳到拖车的最后，面向一大片收割了的稻田。山脚下的村庄升起炊烟，神秘如图腾。她用掌心摩挲着粒粒稻米，轻轻抓起，好像收获了时间。时令、季节、历史、记忆……种种时间的馈赠。

拖拉机上的男人说："你应该嫁给我了吧？"兰英怔住了，稻米从手里溜走。

兰英是没有带着"时间的馈赠"走入婚姻的。没有仪式、没有尽头，只有永恒的循环——忍耐、爆发、懊悔、和好，于是默许了平淡和庸常。工作也是如此，在国有企业里做会计，兰英终日与数字打交道，却从来没经手过什么现钱。月末领回一两张薄薄的钱，已经承载了一个月的重量。丈夫是汽车工人，每天在机械钟催命的嘀嗒声里和汽车底盘下，一辆辆不完整的车驶入生产线，他便只完成他的工序；一辆辆仍然不完整的车驶出。时间和这些车一样，没头没尾，只是机械地嘀嗒、嘀嗒。

他们甚至不需要时间的概念。小城多云,家在旧厂,屋里昏暗。唯阳台上有一只活泼的小黄鸡,兰英饭后会留一口米饭喂它。丈夫对此颇为不满,人刚吃饱,怎么又喂鸡?她指望鸡下蛋,给女儿吃,省得在外边买。可鸡也不争气,长大了生的蛋是软壳的、半透明的,看得见里头混沌的蛋黄蛋白。煮蛋时顺便烧水——一小半用来洗碗,余下顺便来给女儿洗澡。然后给女儿洗衣服、补衣服,一搓一揉,一针一线。末了坐到床边,借着台灯的光织毛衣。丈夫喝了酒,鼾声如雷,却也是他一天最安静的时候。他俩安静地入眠,吵闹着过了今天,却即将安静地把明天也过成今天。

仿佛时间凝固了。亚热带的榕树永远浓绿,小城的云终日不散,工厂的混凝土仓库永不锈蚀。兰英走在同事之间,还是那个头发最油亮、皮肤最光洁的人,似乎永远不会衰老,她以为自己赚来了许多时间似的。身边的人永远年纪相仿,一起在同一个岗位上,从青年走向中年、老年。

原来年轻人走了。厂里的,厂外的,读书的,打工的……当她越发觉得自己年轻、越发觉得周遭陈旧时,女儿也去读大学了。那是1992年。

时间将她弃掷于宏大的叙事、城市的空间、流变的时代,于是她只能用时间来确定人生。

1992年正式下岗,月末给读大学的女儿寄钱,月初还没发退休金。倘若时间被偷走,她会焦急不堪。那次她从城市的批发市场买回一万多个塑料袋,准备回小城卖。一个人拖着大包小包,一摸衣兜,却被小偷割破,钱悉数被偷走。一起偷走的还有表,因此她错过了回家的火车。她站在月台上挠头,灰黑混杂的头发掉下来,立刻被风吹散。

二十年后兰英和老伴儿回到工厂。混凝土仓库被一层浓绿的藤蔓和苔藓覆盖,筒子楼的瓦片裂了缝,阳光从屋顶射下,激起地面的灰尘。他们坐公交车回乡,兰英一路沉默。车窗映着她斑白的鬓角,她感到自己和时间一样衰老。倒是老伴儿絮絮叨叨了一路,念叨着工厂里谁家儿子读了什么学校、谁家夫妻离婚、谁家搬到国外……兰英一点儿也没听进去,老伴儿健忘到对着女儿叫兰英的名字,可想是只顾着记这些琐碎的旧人旧事了吧?下车后,兰英终于忍不了了:"你记得那么多,可把我都忘记了吧!"原本兴致勃勃的老伴儿忽然神色紧张,羞愧得像个做错事的孩子。

下车是一片片农田,家家户户都在晒谷子,满目金黄。老伴儿缓缓开口:"你应该嫁给我了吧?"兰英怔住了:"可是我已经嫁给你了呀?"老人的眼睛眯了眯,眼角的皱纹,已经使微笑和沧桑不易分辨,兰英也笑了。生命的沙漏,其上端渐渐空了。饱经沧桑后的幽默与遗忘,留在了沙漏的末端。那是时间赠予他们的礼物。

指导教师:王　慧

绿 原

◎高 2021 级 13 班　陈逸海

　　青绿的原野，一望无际，诱人的清香，被徐徐吹来。澄蓝的天空上是纯白的棉花，在夜晚化作满天繁星，点燃了清澈的世界。

　　小原为小绿解说着："你面前的景象现在已是随处可见，人类在三十年前终于达成了共识，一同采取积极措施应对当时的全球变暖之类的问题。"

　　现在是 2057 年，电影小说里的时空穿越已被证实完全不可能；但三十多年里连续两次计算机革命带来的巨大技术飞跃，直接证实了意识上传计算机从而实现时空穿越这一技术的可能性。

　　2023 年，人类苦于各种各样不正常的自然灾害，急需面对这种混乱的精神上的支持。未来的人们在这样的关键时刻向过去开放了意识上传技术与向导讲解，为水深火热中的人们雪中送炭，送来希望与温暖。

　　"那么城市被搬到哪里去了？"穿越来的小绿淡淡地问着。

　　小原笑而不语，手指在空中划出优美的弧线，指向嫩绿的小草。在广袤无垠的绿原之下，埋藏着一头头钢筋铁骨造就的野兽。

小原带着小绿进入了地下城。小绿并不作声，似乎并不感到新奇，而热情的小原帮他设好了问题："明明是地下，哪里来的天空、太阳、白云？为什么没有街道，为什么高楼大厦都如连接到了一起似的？……"然后耐心地一一解答："这里的天空、太阳、白云是借助遥感技术模拟的；现在人们工作、学习、吃饭、睡觉都可以在同一栋楼里面解决，每栋楼间也有通道供胶囊汽车在城市里快速穿行……"

小绿点点头，略有几分感慨："看起来未来的生活还是值得憧憬一下的嘛！"

小绿思考片刻，又问道："话说回来，这地下城的能源供应又如何解决？"小原的手指指向深邃的夜空，150公里外，拉格朗日点的附近，数百台巨型机器贪婪地吞噬着太阳的光热，源源不断送回地球。

小绿脸上露出几分不可置信："这样神奇的技术，也只有科幻小说里才有了。"小原听了，十分自豪，却又隐隐有几分悲伤。小绿这时才问："看起来你和我年纪相仿，来担任我们探索未来的向导的人都是大学生吗？"

小原犹豫片刻，说道："的确如此，这是因为现在绝大部分劳动力都已投入……哦不对，这是不能说的……"

小原的话还没说完，心中正满是疑惑的小绿的眼前已变成了模糊的光影，身边的景象声音都迅速消失，转眼间已是一片漆黑……

2023年的小绿，是一名在国内某重点大学搞理论物理研究的大三学生。全球气候变暖之类的环境问题也只是常在看电视时被提起，他对此也是并不在意。这一年的暑假，全球自然灾害的暴发频率呈指数上升，小绿在家中却没太多感觉，除了空调房外的空气有点儿热。这时刚好听说有所谓"穿越未来，共筑信心"的项目向所有人开放，小绿便索性放开手边自己认为没什么前途的超弦理论，报名参加这个项目，散散心，顺便看看有没有什么新奇的物理技术。

将自己的数字化信息传入专门的量子处理器系统，小绿的意识便在代码中逐渐显形。眼前光幕闪烁，转眼间已出现在一片绿原之上，眼前是四个巨大的数字：2057。紧接着便发生了上面所述的事情。

当黑暗逐渐退去，小绿的眼前赫然又是四个巨大的数字：2087。小绿有点儿发蒙，挠了挠头，心想大概是2057年的那群没头发的家伙还没完全掌握这个技术。

来不及多想——眼前的景象也是足以让任何人目瞪口呆：红色的旷野上是红色的天空，看不见太阳的世界，暗红的土地上是死寂的绝望。

小绿更蒙了。这是什么情况？上一秒是我们必将有美好的明天，清丽的绿原一望无际；下一秒就变成了，这个样子？

来不及多想，前方不远的火山爆发出猛烈的岩浆，冲向地面无数的裂缝，巨大的震动下小绿的眼前又已化作一片光影。

黑暗再次消失之时，小绿又回到了小原身边，当然此时周围还有不少技术人员在旁边通过大脑直接输入指令。小原看到他，紧张的心略微放松几分："这个系统还不是很成熟——刚刚你穿越到 2087 了？"

小绿冷静地思索片刻，神情逐渐严肃："对，而且……"小绿顺便将看到的景象描述了出来。听到这些，在场的众人都是身子一僵。

小原叹了口气，道出了实情："其实，将人们移居到地下本身就是一个饮鸩止渴的方法。其带来的破坏地质结构等隐患也是层出不穷，所谓的绿原，也只是巨大灾害面前给人们的一点儿微不足道的精神激励罢了……"

小绿皱着眉头："既然有了穿越时空的技术，那为何没人提出改善现状的措施？"

小原回答："当然有的，现在的大部分人也正是在做这些事，但经过计算，这些措施在二十多年后的第六次生物大灭绝面前都是微不足道的……"

小绿认真思索："照这么说，如果让我们这些 2023 年的人们知道实情，现在的情况也会因为诸多原因依然是眼前的样子。可未来的事情是果，过去的事情是因……"

小原神色凄婉，缓缓打断："现有的物理体系是不足以打破这样的死循环的，所以，联合政府才会通过让人们再享受二十年没有死亡期限的生活吧。"

小绿沉默不语。此时已是傍晚，星空之下，再次抬头看向前方的绿原，暗绿色中，是淡淡的猩红……

回到现实，周围的一切并没有因为一次时空旅行改变什么。

但就在这一天,一个从前对环境问题漠不关心的大学生急切地亲身投入环保工作中,他还立下誓言:在不久的将来,一定要打破现有的时空观,终结所谓的循环……

指导教师:林玉蝶

超级夸克

◎高 2021 级 15 班　严禹博

2070 年中国科学院物理研究所夸克实验室。

"打开超级分子刀，夸克诱导器准备。"基本粒子切割科研组组长严博院士满怀信心地对着话筒喊道。此时，他和他的组员们正身处位于贵州的中国科学院前沿设施之一的夸克实验操作室。这个实验室是政府投资数百亿，自 2055 年始耗时十年打造的我国第一个分子切割基地。中央为保护设施安全，派遣了中国人民解放军 8342 部队进行保护。而整个基地的核心就是设备室中的碳纳米管超分子切割刀和夸克诱导器。这两件完全自主研发的"神器"可以完成对单个夸克的切割。

"准备就绪！"操作组长刘稳院士汇报。副组长严禹院士悄悄将头凑近严博院士的耳边："老严啊，我们要创造历史了。""是啊，切开那'小个'，不容易啊。"严博组长将目光望向头顶，他的目光仿佛穿透坚硬岩石的阻挡，与久违的蓝天相互拥抱，十年常居地下，蓝天成为他的奢侈品。

"01 明白，十秒准备。"严博院士收回"眷恋"的目光，对准话筒用他一贯严肃的声音宣布道。顿时操作室正前方偌大的电子屏开启了倒计时。当令人激动的"1"终于出现时,严博院士斩钉截铁地吼道:"开始!"接着操作小组紧张而有序地运转起来,"分子切割器开启正常。""电力系统正常。""夸克诱导器捕捉成功。"严博院士紧握拳头,用喜悦而又颤抖的声音回答道:"01明白,切割开始。""操作小组明白。"刘稳院士对着指挥席点了点头,对准话筒:"程序开始。"接着按下绿色开始键。"分子切割正常。""诱导器运行稳定。""正在切割中……"严博院士松开了眉头,长嘘了一口气,他的眼神充满了期盼。

可就在一刹那,大屏幕突然闪起了红色光芒,机器异常!"马上校准,看看是不是没切着?"严禹院士从座位上蹦了起来,他的声音颤抖了起来。他希望是这样,毕竟这样不会伤及机器,他知道这台机器的分量,它凝结了中国三代科学家近100年的心血,他不想让这智慧的结晶毁在他手上。然而,话音刚落,系统便报警了,麦克风中从未出现过的机械男生最终出现了,"警告,刀片受损。"回声充满了整个房间。严博院士急忙按下红色终止键,但为时已晚,偌大的屏幕上这时已然出现了宣判"死刑"的文字:机械臂失效温度过高。

警报声随即出现,"警告,检测到烟雾……"紧接着设备室天花板上的灭火口将新型灭火喷雾洒了下来。不一会儿,操作组长缓缓站起,面色凝重地望向指挥席:"组长,分子机失效了。"严博院士只是呆呆地盯着红色终止键,泪水充满了双眼。"组长,分子机,没了。"严禹院士耷拉着脑袋,转向身旁雕塑一样的严博院士。严博院士腿一软,瘫坐在座位上,然后无力地举起右手，让下面想要说话的人欲言又止。沉默几秒后，严博院士皱着眉头，用手摸着眉毛，无神地将头转向严禹院士："是什么让夸克产生这么大的能量？"

指导教师：杨　燕

桃源·深渊

◎高 2020 级 10 班　魏琼懿

桃　　源

山峦起伏，绿树成荫，灌木遍野。熟透了的果实好似一个个丰满的妇人，沉沉地坠在苍翠欲滴的绿里。苍劲有力的树干记录着岁月沧桑，它们分叉又合拢，合拢再分叉，直直地指向广阔的天空，在光与影的逗弄下发出古铜色的光芒。鸟类的叫声宛如序曲，充满悠然生机。

这是森林。

从雪山之巅融化的水，一路倾泻而下，滋润着土地和土地上的生命。逐水草而居的鹿，敏锐地察觉到自然的馈赠，在一处隐蔽的安全地反刍。风慵懒地拂过，半米高的草随之跳跃。风吹草动总能引起生灵们的警觉，旱獭相互呼叫报警，钻进地洞。

这是草原。

温热的水汽蒸腾而起，裹挟着草木的清香，层层叠叠的树叶仍捂不住刺眼的强光。斑斓的毒蛇正虎视眈眈，它们肆意盘绕在树枝上，尖利的牙齿暴露在外，等候着即将入腹的"蜜糖"。

这是热带。

当偶有的炽热阳光融化了表面积雪时，水藻便汇聚在一起，形成斑驳的色块。从低纬地区涌来的暖流诱惑着磷虾不停翻涌，它们在白昼里像碎银般吸睛。远处的企鹅向这里望了望，似乎闻到了佳肴的气息。

这是南极。

…………

这是世界，本为桃源，宁静和谐。

主　宰

"这是你的世界。"

"你是自然的主宰。"

"做你想做的，为所欲为。"

一个冰冷又机械的声音在我耳畔回响，似有蛊惑人心的魔力。天山积雪，白云松舍，绝石孤竹……世间百相，它驱使着我做出选择。

"请吹一阵风吧！"一个念头刚出现在脑海，清风便与我撞了个满怀——这是巧合吗？我怎么可能拥有主宰自然的力量？"请让花朵盛放！"我又试了一下，不出两秒，我身处之地俨然成了一片花的海洋。在馥郁的芳香中，我的血液变得滚沸，胸腔里燃起了一种欲望。而那重复响起的声音宛如不断被塞进灶膛的柴火，让它越烧越旺。

沉　　沦

随着我拥有绝对力量的消息不胫而走，很快，我的周围聚集了一群奇怪的人。

他们西装革履，却无法让我感到绅士之风；他们面露笑意，却总是让我不寒而栗。他们有的来自皮革厂，有的来自造纸乡，有的盯着象牙痴笑，有的望着野味念叨。

第一批人说："冬天快要到了，皮革大衣的销售量直线上升，狐狸皮、貂皮更是抢手货，利润极高，可不能错过这个商机啊。"

第二批人说："世界上的森林太多了，大片土地被它们占着无法开发。参天的树木只会遮挡视线和采光，砍来作为原材料物尽其用嘛。"

第三批人说："象牙雕刻出的工艺品多有价值啊，每次都能在市场掀起抢购热潮，不如……"

第四批人说："厨师们早已对猪牛羊的烹饪方法了如指掌，鸡鸭鱼也是普普通通的食材，翻不出什么新花样。大家来尝尝野味，怎么样？"

…………

利益的味道四处弥漫，熏得人头昏脑涨。我宛如一个提线木偶，浸泡在各种喧嚣的声音中早已无法独立思考。反正，取之不尽，用之不竭。那，就照他们说的做吧。

深　渊

一天、两天、三天……不少人赚得盆满钵满，他们一边心满意足地笑着，一边用成堆的数据向我证明世界运行的轨迹没有被打乱。

可是，地球的呻吟却如浪潮般不断涌来，它用颤抖的声音哭诉着自己的悲惨：草木花果的清香被经久不散的酸臭与血腥味取代；抑扬动听的虫鸣鸟叫被机器尖锐刺耳的轰鸣截断；心狠手辣的疾风不分昼夜地呼啸，带着南北两极的酷寒；天空早已不再湛蓝；阳光只能在令人窒息的灰尘中卑微地四散……

森林告急！草原告急！热带告急！两极告急！

黑暗、恐惧、毁灭，这便是人类掌控下的自然。与之同来的，是一场前所未有的灾难。

救　赎

我缓缓摘下博物馆提供的观览 VR 眼镜，久久凝视着窗外还算得上澄澈的天空，突然想起一首老歌："莽莽苍苍兮，群山巍峨；日月光照兮，纷纭错落；丝竹共振兮，执节者歌；行云流水兮，用心无多……"

当我们对越发猖獗的沙尘与湖泊河流的消亡视而不见；当我们对大树倒下时的轰然巨响和生灵被杀戮时发出的绝望哀号充耳不闻；当我们迫不及待地脱掉虚伪的外衣，任由欲望张着血盆大口吞噬一切……我们势必会被卷入深渊，再也无力回天。毕竟，在博大的自然面前，自以为无所不能的人类与沧海一粟并无半点儿区别。

  但愿人与自然之间能够宁静和谐,但愿斗转星移,世界仍如桃源。

指导教师:刘 源

理 性 纪 元

◎高 2021 级 10 班　刘佳一

理性纪元元年，北京，基因工程大厦

落日余晖散落在北京的每个角落。大厦的楼顶，一位老人脱下深黑色的西装。远天的云层遮掩着将落的红日，老人轻轻地闭上眼，只喃喃出他曾经最爱的诗句：

"我打碎夕阳，时光从此，昼短夜长……"

那轮橙红色的太阳正缓缓落入山的汪洋，而人类文明所有的传统与文化，也将随着它坠落，并且，再也不会升起。

理性纪元前三十年，纽约，科学家大会

这是有史以来规模最大的一次全球科学家大会。会议持续了整整一个月。

刘尘终于站在了自己一直向往的地方。他深吸一口气，看了看台下，一位位科学界的泰斗正襟危坐。他笑了笑，狂热的双眼中带着些悲凉。刘尘抿了抿嘴唇，他明白他的发言将要改变世界。"诸位，我想我和我的团队，已经找到了最易推广的基因修改方法。"

刘尘顿了顿，会场一片死寂。

"传统的基因修改方案有两种，第一种是用激光粒子对人类的受精卵中的遗传物质进行精准切除与修补；第二种是运用体外DNA重组和转基因技术。但受限于较大的操作难度和人类生殖细胞自身的脆弱，这两种方案始终无法得到推广。"刘尘打开了3D投影控制面板，慢悠悠地找出自己设计出的模型，"我们的团队发现，在细胞有丝分裂中期，染色体着丝点恰好处于一种'无保护状态'，此时将一种纳米级机器释放到着丝点位置，机器便可潜入到遗传物质集中的区域，对遗传信息进行修改。"

刘尘没有理会台下听众的目瞪口呆，他一刻也不停歇地继续讲着。

报告结束，会堂还是一片死寂。

刘尘笑了，他站在会堂中央，他知道自己的研究发现足以让所有人呆若木鸡，但他很快发现自己错了，因为对面，自己的老同学乔伊站起身来。刘尘只是轻轻挑了挑眉毛。

"你的研究只停留在理论，没有实验支持。并且，随意篡改人类基因，无论出于什么目的，都应该受到伦理的谴责。"乔伊皱了皱眉头，一字一顿地说出。

"哈哈哈哈哈，伦理？"刘尘猛然笑出声来，"一切伦理，在伟大的科学发展面前，都是可以被扭曲、被改变的！"刘尘的语气有些激动，但他还是很快平静下来，"至于实验嘛，迟早会有的。"

乔伊呆呆地盯着刘尘的眼睛。大会堂安静得可怕，每个人都默不作声，但每个人都知道，这一天，将改变世界。

理性纪元前十五年，欧洲

各大城市都已建立起基因修改中心。在中国科学家刘尘和日本科学家望月千代的合作推动下，新式的基因修改方案已被欧洲各大国家采用。人们在缴纳天价费用之后，便可以根据电脑模拟出的婴孩被修改基因之后的能力、性格，来决定如何修改基因，从而塑造一个理想的子代。孩子的一生，由此得到了规划。

如刘尘所说，人类一切伦理观念，在利益面前，是如此地不堪一击。在技术还未推广时，人们大多打着伦理、人权的旗号来反对这项技术。可技术真正实现后，一切都变了。所有人都清楚这项技术将导致些什么。阶级固化，贫富差距增大。天生优势的孩童可以早早掌握专业技术，这样可能会造成大量工作者失业……基因修改是少数人的权利，可这少数人，恰恰会因为巨大的先天优势，掌控这个世界。

只有无能的穷人，才会反对这一切。

理性纪元前五年，非洲

在这个经济尚不发达的地方，人们没有建起一座基因修改中心。

因为这里，遍地战乱。

红桃组织、伊甸园组织、黄蝎组织，三大恐怖组织集聚于此地。他们的宗旨无一例外都是：反对基因修改，甚至反对一切科技的发展。

他们摧毁现代人类的一切智慧结晶，但可笑的是，他们并不排斥使用高精尖的武器。

世界秩序大乱。

理性纪元前三年，成都

刘十安呆呆坐在客厅里。他的父亲在不久前遇刺身亡。

而他的父亲，便是这个混乱时代的"元凶"，刘尘。

"我知道这个世界将会大乱，我知道人们的伦理价值观将会崩塌，但我依然没有退缩。一项技术的革新将带来灾祸，但灾祸过后，人类终归会迈步向前。"

刘十安紧紧攥着父亲生前留给他的信。他终于读懂了父亲一生的愿望。基因修改技术给人们带来的超高智商和极高效率，最终只会导致一件事：整个人类社会将再无时间的浪费，所有的人们会时刻保持理性。

理性得像一台台机器。

刘十安厌恶这个世界，但他无力反抗。

理性纪元前一年，夏威夷

全球高层会议秘密召开。

刘十安参会。

"我们都是坚定的理性主义者，一切工作，当追求最高的效率。但刘十安先生，我们尊敬您的父亲，也尊重您的勇敢与善良，"安德鲁微笑着伸出右手，"所以我们决定放弃对劣势人群的清除计划，采用您提出的太空移民方案。"

"但这将是这个星球上，最后一次不理性的抉择。"

理性纪元元年

所有未被基因修改的人都已移民太空，在地球外艰难延续着传统人类的火种。

在刘十安看来，父亲毁灭了这个世界。

这颗蔚蓝星球上，照旧有日出日落，但再没有人品味风花雪月，咀嚼黎明黄昏。

因为这个星球如同一个程序，再无文化，再无底蕴，再无诗意。

指导教师：黄炳章

散文卷

引　言

丹秋九月，灿烂秋阳，徜徉在校园的银杏长廊，沉醉于操场边的七里花香。一片片回忆在清晨的露珠里酝酿，一段段青春在金色的季节里闪亮。

闲静若云，忙碌如风。少年的生活是忙碌的，少年的心灵是闲适的。走出课堂艰辛的冥想，随着一声寒蝉的叫声，便可走过纷飞的四季，沐浴着锦江边的烟雨，在静谧的花间酿一壶清蜜；在繁忙的笔尖穿梭之后，一抬手就捉住童年的那只花蝴蝶；在聒噪的尘世之外、在白露为霜的万丈森林中寻一处佳居，或在广阔的苍穹中搏击绮云。

少年的旅途恰似一江春水缓缓东流，时而若万马奔腾，时而若云若羽。笔间流动的，不仅是悠闲的风景，亦是生命的情意。

　　这些散文笔调悠扬,情感深挚。如《江河》叙写了平凡的劳动者在劳作间隙里寻找快乐的故事,以深厚的民族文化特色入文,表现中华民族同甘共苦的劳动精神。《骄傲的自画像》表达了青春少年义无反顾地去做热爱的事,追求"要让哭笑都不打折"的奋斗之美。《回忆我的桃花源》《上学路上丢失的鱼》以生活琐事入文,深情缱绻地讲述童年的快乐、成长的伤感,引起读者强烈共鸣。《绵州味》写家乡特色美食米粉,细节描写堪称神来之笔,犹如"舌尖上的中国"的绝佳文案。《大地的精魄》则体现了作者对万物的眷眷深情、对自然的敬畏、对生命的热爱与赞美……

　　散文之美,美在文字,美在情思,美在风骨。

秋　　天

◎高 2022 级 2 班　文艺丹

又是一年运动会。

不知从何时开始，我对参与这项活动的激情已经只如病弱的躯壳，一息尚存，但并不强烈。鲁迅曾说"人类的悲欢并不相通，我只觉得他们吵闹"，这话于我而言也是十分贴切的描述，运动早已是我心理上巨大的负担。

我似乎曾经也是在塑胶跑道上发光发热的存在。小学代表学校参加区运会，是年纪最小的孩子，以两分多钟的成绩成为 800 米项目的区第一；就连沙坑跳远，练习半年也是区第七的好成绩。

意气风发的青春与成为运动员的明媚梦想一齐涌入，如藤蔓般缠绕住少年的身躯，扎根沃土野蛮生长，艰难的步履还没有开始，复杂的人生算式才初透玄机，为了梦想，炙热而努力地飞翔的日子同样无忧无虑。

我记得，那年的区运会，是个明亮的秋天。

打破纪录已是常态，抱着骄傲的心气进入初中后，却发现许是因为发育，或是偷懒，跑道上遥遥领先的人早已不是我——一个艺术特长生，成绩不是最好，体育不是最好，从前骄傲的一切原来都只是属于从前，什么运动员呀、梦想呀，似乎都只是一败涂地，我也并非惊才绝艳。

因为体验过成功与高光，所以无法接受现在的落寞和平凡。第一次拒绝了区运会的参赛资格，体育老师挨个儿来劝我，"耽误学习"的借口固然拙劣，却也十分有效，我自然是维护了自己的尊严——那是无法再赢得800米区第一的，曾经的区第一仅剩的自尊心。

转眼间已成为高中生，又是一年运动会。我在家人的"威胁"下不情不愿地报名接力跑项目，可以算作是一种上级下达的任务，完成就好。

往树荫下的观赛台一坐，我能看到很高很高的碧绿的天色，听得到青天下白鸽飞过。衣袂翻飞，木槿花依风盛开，日光一丝一丝漏出来，炙烤出大地的温香，全然感受不到秋意。

从槐树叶底的缝隙看向天空，恍然想起小学的我在参加区运会时，也是在这样一片树荫下热身、乘凉。那年秋天的事我记忆犹新，晴好的天气日复一日，天空澄澈高远，对我来说，那是人生最幸福的秋天。

本质上是"输不起"的心理，身边人安慰与希望的话语本身非常美丽，却总带着陈旧遗憾的气息，这些话语被重复讲过太多次，在反复回响中日益磨损。

但在我将接力棒传递给下一位同学，听着大家的欢呼与加油声渐渐远离，而自己孤零零站在跑道上时，那一瞬间的泪水几乎要夺眶而出。

练习跑步的这么多年里，有夺取第一时众星捧月的簇拥，也有屈居人下带来的黯然，但从没有像这次比赛一样，只有我一个人站在那条跑道上，望着它的笔直，遥遥延伸至远方。看台热闹，人头攒动，一切的一切都在阳光这个名词的照耀下熠熠生辉。梧飞庭畔，秋到人间。

十六年的人生里，这是我第一次仔细观察跑道。它有起伏的纹路，有断断续续的白线和红灰，有着成熟生命的沉肃，撑起我那个秋天红枫一样殷实的梦。

输赢好像都不重要了，我似乎又成了当年那个只因为跑步就可以开心很久的小女孩儿。

教学楼前夹道成排的银杏树似乎比历年更鲜艳明丽，闪耀着金色光泽。我仿佛变成了一只白鸽，本性是飞翔而不抵达，在另一个维度的蓝天腾空而起，那是秋天的奇迹。

指导教师：殷志佳

回忆我的桃花源

◎高 2022 级 4 班　李欣奕

风徐徐吹动，时间弯曲如一场狂放的旧梦，伊始部分却慢慢藏入一阕新歌中。我聆听天穹下苏醒的月，回溯到吹作雪的浮云。桃花源和童年亘古不变，而我，只是路过。

十二年光景都在一个老旧的小区度过，若以"小区品质"判断，那儿连起码的绿地都没有，只有孤零零一个"学区房"的冠冕。被我们戏称为后花园的地方，似乎也确凿只有一些野草，但那时却是我的"桃花源"。

一块狭长的圃地，偏偏管理员疏于管理（好像没有管理员），于是其中便灌木丛生，乱草纠结，各样的植物乱纷纷生长，有些人家特意栽下的几株玫瑰百合也很快被湮没，一派野蛮的"生机勃勃"。拐角处的那几株滴水观音却茂盛得紧，沐浴着阳光跟风絮絮聊着过往。一半是疯长的花香杂陈，一半是青涩的果香弥漫，几棵病歪歪的观赏型果树都能让我们惦记得慌，见天儿在底下晃悠，等一结出果实就摘下来。夏日傍晚时蚊虫总是多的，我们就一把把捋下不知名植物的暗红色嫩芽扯碎了止痒，无甚"科学依据"，却意外地有效，也不知是不是心理作用。沿围墙长满了不知名的藤蔓，一到夏天就长出一嘟噜一嘟噜的紫色的花，却发出难闻的气味，我们都敬而远之。

记得三单元旁有一小片泥迹斑斑的水泥地，其上横七竖八地拉了几条极结实的线权作晾衣时用，却又拉得低。几个男孩子本就性野，常带着我和另一个女孩儿玩"吊死鬼"的游戏。这似乎是"抓人"游戏的惩罚性附庸，但其实挺好玩，我们都常"自告奋勇"地"受罚"。

几张艳丽又廉价的被单常随风"逃逸"，却又似乎无人认领，因而便长年累月、孤零零地在绳上皱成一团，像是就此潦草地尘封了时光。

后来面临小升初的我们各自搬离，带着对新家的憧憬雀跃离去，连头都不曾回。

我亦是再未归去，尽管新家与旧居相隔不远，却也几乎和他们断了联系，因为各种各样的原因。只是偶尔见到面孔相似的会忍不住猜想比较，擦肩而过时却分明看见瞳孔倒映出自己脸上僵硬的冷漠。我们似乎是只淡漠地互相睨了一眼便又匆匆地汇入熙攘的人群，没有回头。

我想也许人就是这么奇怪，安于舒适现状，却又对记忆中的乌托邦思之若狂，就像《桃花源记》中的渔人——愚人，矛盾而现实。

桃花源拒绝寻找，只留下隐约的笑闹，在记忆的角落逐渐褪色。偶尔，我还是会吟两句"归去来兮"，像是在回味曾经那个小小的、生活闲适的平行宇宙。

指导教师：张　意

夜　　雨

◎高 2022 级 8 班　贺小洋

雨来得很突然，教室的门砰的一声关上。窗外的树叶哗哗作响，连窗户也被狂风吹得摇晃起来。一旁的女孩子一脸惊讶地抬起头，眨巴眨巴眼睛，额前的碎发乱舞，案前的书页乱翻。我与朋友也停下交谈，望着窗外。

"下雨了，挺大的。"不知是谁说的，也许是我，也许不是我。不慌，书包侧面一直装有雨伞，下再大的雨也不怕。

不知从什么时候起，那个老是忘带伞的女孩儿，书包里一直装着一把雨伞，多重都背着。因为她知道，在校门口，不会再有那个举着伞的人了。

下自习的铃已打过，我撑着伞慢慢往校门口晃去。虽是周末，上自习的人却也不少，门口人山人海。不会有她吧。我告诉过奶奶，不用接我，下再大的雨都不用。她会告知她的。可不知怎的，又觉得，人群里一定会有个她。

走出校门，迎面有人走来，抬头，是她。看见对方，彼此都愣了一下。我说，我一直都有带伞。她说，她不知道啊。入学半载有余，下着雨的夜晚，这是她第一次出现在校门口。

我是不欢迎她来的。作业、功课压得喘不过气。她千辛万苦从老家赶来，想和我聊聊，却只能在洗完头后帮我递换洗衣物。

她来，一切的虚假繁荣都不复存在，电话里有条不紊的学习生活沦为笑话，她终于看到了我一地狼藉的现状和极不稳定的精神状态。多少个静谧的夜晚，我在电话里说已在复习当天的功课，放下电话却在堆积如山的作业面前崩溃；多少次在半夜里边哭边写，却谎称只是起夜，没有熬夜；多少次给她编造着完美的复习计划，却一边又在收拾着上个星期的烂摊子；多少次在电话里推托她去补习班的建议，不敢反驳她学得轻松就应该出去拓展的论断，却又在放下电话后情绪失控大发脾气……

如今，我所有的狼狈，所有的不堪，她一览无余。我没有恐惧，没有害怕，她也没有生气，没有责备。

她说，我不知道，原来你在这边，过得这么苦。

她说，你其实很好，你没有自己想象得那么糟糕。

她说，不用把一次考试看得太重，没什么大不了。

她说，我不要求你非要考什么名校，做好你自己就行。

她说掌握好自己的节奏，你是可以的。

她说这些的时候我没什么感觉，但此刻落笔眼角却有些泪意。

她梦想着我成才，有个出类拔萃、万众瞩目的未来，因为她是我的母亲。

她知道我成不了那独一无二的顶峰，只愿我幸福安好，因为她是我的母亲。

  我忘了，在漆黑的夜幕下，在上百公里的远方，在无助痛苦的迷雾中，有一盏灯，为我而亮。

指导教师：王　慧

又见青浪映红光

◎高 2022 级 8 班　甘宇灵

六月的风柔和清润，抚摩过夏蝉常栖的樟树叶。林间或远或近间歇闪烁起山雀的叫唤，惹得小沼泽旁的青蛙心痒，直跟着呱呱叫。极目远眺，小山坡蜿蜒起伏，一片片绿意在风中变幻，一排排绿浪翻滚。大片赤红晕染像绸缎，万里夕阳垂地。红光映衬着浪翻涌又跌落，似有剪影，忽明忽暗。

"山谷的风定比这里更温柔吧？"我倚坐于窗边，手托着下巴痴痴地望向山的那头。一片草地延伸出去，在目光可及处断了线，只与天色相接。我总想着山的那头或有野芳，或有岩洞，或有山鸡。或许我还能撞见那些有趣的人哩！

可家里管事的人常对我说那头荒凉危险，有峭壁，有野兽。所以每当我提议去那里玩玩时，他们都一口回绝，严厉阻止，可这反倒激起了我的好奇与决心。

仲夏的午后，一切如常。家里人饭后便窃得闲暇用于小憩，我趁这不可多得的时机，偷摸着出了大门。我亲爱的小猎狗随我一同出去，伴我前行。我便一路蹦蹦跳跳地向前飞奔。

走了不多久，我就察觉鞋袜微湿。所幸，我离目的地也没有多远。回首望去，家已经离我很远了。只在一片混沌的青绿色中辨识出一团突兀的木灰色。一种前所未有的欣喜腾空而起，我随风向前奔去，小狗也随之奔跑。忽然，小猎狗耳朵后背，尾巴平直，这是遇到危险的征兆。还忍不住吠叫了声。我警惕着循声望去，不远处有一陌生少年伫立着，他手上拿着捕蝉的小棍，看起来是"同道中人"，也是一位偷溜出来的顽皮小孩儿。小猎狗的吠叫引起了他的小狗的注意力，两条狗狗便顺势扭打在一起，直到我们出马把它们拉回原地，这场闹剧才结束。我向他介绍起自己，来来往往间便熟识起来。他向我讲述这一带的奇闻异事以及有关山谷的传闻。他蹿跳上树，在树干间靠坐着，说听鸟鸣潺流是不可多得的趣事。我却认为平静地躺在绿油油的草地上听风吹闻花香亦是曼妙。夕阳剪影，两人两狗，明晰可见……

阔别多年，重返故里。极目远眺，又见青浪映红光。只叹故人不在，物是人非，唯有眷恋中的念念不忘。

指导教师：王　慧

这是一首歌

◎高 2022 级 8 班 姜可一

"再用三线合一证出 AB 等于 AC，这道题就迎刃而解了。"

台下顿时响起雷鸣般的掌声，讲题的同学谦虚一笑，从容地回到座位。缩在角落的她，却久久沉浸在刚才的题目中。那神圣的讲台是那么令人向往，那位同学显得那么自豪，他的动作是那么潇洒，而他侃侃而谈的解题思路，仿佛汇成了一首充满奥妙的歌——只可惜，讲台上优美的旋律从不属于她。

她也想吟唱出一首自己的歌。

但几乎无人理解，这并不奇怪。她从未在课堂上主动回答过问题，少数几次被迫回答，也大多因过度紧张而磕磕绊绊。几乎无人相信，总是缩在一边的她，其实非常渴望拥有展示自我的机会。上学期，老师先后选了三位同学每天为大家讲几何题，没有她。她有些失望，但也在意料之中——自己不够积极。

让她惊讶的是，当天下午，老师和颜悦色地找到她。"我之所以没有选你，是因为我觉得你戴着牙套，不方便。不过，下学期的题，你来讲！"

她的眼前一亮。

接下来的日子，她充满了创作的欲望，日日夜夜酝酿着自己的歌，只希望自己将来一开口便是最美妙的旋律。她开始大量拓展几何题，见识了各种题型，并坚持把自己觉得好的题收集起来，她认真分析了所选的每一道题，它们也许难度不大，但方法巧妙、题型经典，是真正有价值的题目。她还特意在上课时留意老师们的站姿，琢磨如何在写板书时不挡着同学……渐渐地，她的几何越学越好，收集的好题也越来越多，那首歌已在心中逐渐成形，她用更多的付出将其一次一次地打磨、雕琢。随着日子一天天临近，自己的准备越来越充分，她心里越来越有底。

盼星星，盼月亮，终于盼到了下学期，她摩拳擦掌，跃跃欲试。然而——老师说，本学期不讲题。

她呆住了。这句话像一大盆冰水，浇灭了她心中熊熊燃烧的希望之火，还带走了那首精心创作，但还未唱出的歌，只留她独自在狂风中瑟瑟发抖。

现在，没有人承认那是一首歌，包括她自己。

"沙沙，沙沙……"

推窗望去，细雨绵绵，交织如梦，她仿佛看到了过去的自己，现在的自己，将来的自己，见证了自己在创作过程中点点滴滴的成长。

这雨声，不正是自己一直追求的天籁吗？歌声为何一定要在讲台上，这雨声，不也是一首春天的歌吗？

她豁然开朗。"一年之计在于春"，春天又是新的开始，大好时光怎能荒废呢？

窗边的她不见了，只听见雨声中隐约传来读书声。

这，就是一首最美妙动听的歌！

指导教师：王　慧

在 花 店 里

◎高2021级4班 陈远卓

为了借一支笔，我走进花店。

奶油般的灯光下，女孩儿正忙着把淡红的玫瑰包装。

一个男人走到门口，看起来邋遢又疲惫。女孩儿看了他一眼，转头继续整理手中的玫瑰。

过了一会儿，她把做好的花束拿起向柜台走去，却在半道停了下来。没有转身，她用温柔的音调问："你要买那些月季吗？"

"不买。"男人说，声音很粗糙，"我干吗要买那些月季？"

我听到女生的轻笑，两人便没了行动，只是无言地站着。我看见月季花开在门口，像傍晚街道上的灯光一样昏黄。

然后女孩儿转过身，笑着，眼睛却变得晶莹了，脸颊醺醺的红。

"好久不见。"她说。她还在胸前捧着那束淡红的玫瑰。

走出花店，我依然隐隐闻见飘忽的花香。

指导教师：黄炳章

骄傲的自画像

◎高 2021 级 12 班　代杰鹏

王尔德："爱自己，是终生浪漫的开始。"

——题记

冬天的风都是凝固的，在静止的空气里艰难地挪动，经过被空气困住的我，使劲地把我从遐想中拉回现实。我静坐在窗前，空白的思绪里，悲哀若隐若现。微乎其微的阳光偏移，徒添几分无济于事的温暖，轻轻地打在心上。

在一片许久未动的死寂中，我叹了口气，去找我的旧画板。我已经很久没有等到期待的结果了，费了再大的精力去潜心作画，也进不了获奖名单。

太阳又悄悄地挪移了，我在一堆旧物中，看到了一个破旧的画板。画板的胶框已经脱落，露出的棱角已经被风吹日晒的时光磨圆，板面上有几笔斑驳的颜料，在长期的遗忘中深入画板，蒙尘之后无一例外地显出灰白。可以看出，它的主人，也就是从前的我，对它是加倍地爱护和珍视。

费力地从柜子的夹缝中抽出画板，有一张泛黄的画纸从中掉出，落在阳光中。磨边的纸张安稳地存放在这小小的画板之中，静候我的发现。

定睛一看，熟悉的画面扑面而来。那是一张我的自画像，很久之前的自画像。歪歪扭扭的笔迹在纸面上张牙舞爪地匍匐前行，炭黑的笔在颤抖着的线条中显出淡淡的黑色，淡黑色也被时光浸染成模糊的虚影。从不直的直线和不实的实线里，颤颤巍巍的气力可见一斑。虚实不一、杂乱无章的线条重叠累加，曲折地构成人脸的图像。画中的脸，笑意正浓。

随着情感的波动，破碎的记忆在翻涌。仿佛又回到童年，从笔触的温柔中，我猜测也应是一个午后。在正盛的阳光底下，在对绘画还充满期待的心情下，有一个孩子，带着稚嫩的童音，激动忐忑地说："我要成为最伟大的画家！"坚定而兴奋的腔调中混杂了浓重的鼻音和喘息声，那是热爱的证明，爱的是绘画，爱的是曾经自认为天赋异禀的自己。然后再用颤颤巍巍的小手艰难地拿起铅笔，用拙劣的手法，顺着最自豪的情绪，画下这幅自画像，作为自己最初的杰作。然后把这幅骄傲的自画像谨慎庄重地放进新买的画板里。

这幅画也没有想到，它与我会在旧地重逢，以治愈者的身份。

忽地哭出声来，对着阳光下的影子，透过单薄的纸，透过如白驹过隙般的时间，对着从前的我的胡言乱语和乱语里酝酿着的希望与自信。

我为什么要如此执着于一个名号和排名，而把自己置身于美玉和瓦砾的争夺，纠结于刻苦雕琢和庸庸碌碌，任愤懑与羞恨日益助长内心那怯弱的自尊心①；为什么要为了博得或人或己的称许与微笑，战战兢兢地将自己套入所有的模式、所有的桎梏，然后忘了自己曾经的面貌和来时的路②。

这些年来的痛苦和难过，让我很是难熬。

斜阳缱绻，给世界绘上暗灰褪色的铅笔画，如同风过湖面，波光潋滟，波澜兴起的是我敏感脆弱的情感，潋滟明灿的是忘在风里的真心。暗光浮动，我与过去骄傲的自己重逢。

彼时那些复杂的情愫像是沙砾与卵石，微弱而圆润，于某年某月某日某时，被我小心翼翼地珍藏，放进心中最柔软的角落。可是即便是最深的真心，也会随着沧海桑田而变化，日常的河床被时光的水流在潜移默化里侵蚀走彼时纯真的本愿。而当我以为我遗忘了什么、丢弃了什么曾经引以为傲的东西时，冬日的暖阳便会这样温柔地拂过波光粼粼的溪流，层层的涟漪里，是岁月深处的沙石在闪闪发光。

曾经种下的心愿，在我的短短几载春秋里蓬勃生长。那个还如白练般素净的孩童，不远万里，穿过一路走来的艰难阻

---

① 化用中岛敦的《山月记》："我深怕自己本非美玉，故而不敢加以刻苦琢磨，却又半信自己是块美玉，故又不肯庸庸碌碌，与瓦砾为伍。于是我渐渐地脱离凡尘，疏远世人，结果便是一任愤懑与羞恨日益助长内心那怯弱的自尊心。其实，任何人都是驯兽师，而那野兽，无非就是个人的性情而已。"

② 化用席慕蓉的《独白》："在一回首间，才忽然发现，原来，我一生的种种努力，不过只为了要使周遭的人对我满意而已。为了要博得他人的称许与微笑，我战战兢兢地将自己套入所有的模式，所有的桎梏。走到中途，才忽然发现，我只剩下一副模糊的面目，和一条不能回头的路。"

隔，笑着牵起我的手，"我给自己画了一幅自画像"，满脸的骄傲映着冬光，冷白的阳光也被照亮。

那是一幅我的自画像，那是曾经充满自信的自己，那是本就该昂首骄傲地活着的我。

许久之后，又是一个冬阳抚人暖的下午，一个适合共情的灿烂时分，阳光顺着屋篷的余隙漏下，正巧标注在马德的《允许自己虚度时光》，其中写道：

  我慢慢明白了为什么我不快乐，因为我总是期待一个结果。看一本书期待它让我变得深刻；吃饭、游泳期待它让我一斤斤瘦下；发一条微信期待它被回复；对别人好期待被回待以好；写一个故事说一个心情期待被关注被安慰；参加一个活动，期待换来充实丰富的经历。这些预设的期待如果实现了，我长舒一口气，如果没有实现呢，就自怨自艾。可是小时候也是同一个我，用一个下午的时间看蚂蚁搬家，等石头开花。小时候不期待结果，小时候哭笑都不打折。

要义无反顾地去做热爱的事，要至死不懈地深爱自己，不要期待结果，要让哭笑都不打折。

指导教师：杨元林

葬　鸟

◎高 2019 级 6 班　曾静远

树叶在风里荡漾起墨绿的浪。青碧的波纹里却有一块静止的石头，浅黄的影子在阳光下一闪一闪，直直坠下。落地的刹那，石头忽然绵软了，金色、翠色的羽毛散落，仿佛混合着阳光滴下的树汁。

这是一只小鸟。温热的，毛色碧绿中闪着金黄的小鸟，不再腾空、不再歌唱、不再呼吸。

教室的门被猛地撞开，我抬起被感冒搞得昏昏沉沉的头。那个高个子男孩儿兴奋地挥动着一个白色的纸包。

"我捡到了一只死鸟。我们去把它埋了吧！"

薄薄的餐巾纸外，露出一段蒙尘的绿尾。我起身，掀开那纸。

"它有好多灰。"

"但它死得很新鲜。"

我抬起酸胀的眼皮仔细看那小鸟，却只觉眼前一片模糊的碧绿，仿佛那是一块放久了的抹茶松糕。这时，我想到我那未完成的练习册，它的封面也是一片模糊的碧绿。

隔着纸巾，我摩挲着它小小的身躯。这块小松糕竟是那样小——它可以安静地躺在我的掌心。它的身子已经僵硬，嫩黄的小爪蜷曲，双眼已合，但它并不冰凉。是阳光的温度，抑或是男孩儿手心的温度？

它的歌唱尽了，玲珑的双眼充盈着晶莹的雨露，翎羽沐浴着风，很安详、很满足地睡去了；或者，它在病痛中快快哀鸣，在温暖的阳光里安慰流逝的生命，终于，哀痛结束了，它在一个美丽的黄昏，结束了一生的苦难，向另一片天空腾飞……

"嘿，我们埋了它吧？"

"埋在哪里呢？"

"不知道。"

我望向窗外，人潮涌动，泥土浅薄而干硬，留不住一片落叶。

偌大的校园，小到容不下一只安静死去的小鸟。我们的万般机灵，面对一只死去的小鸟，却是毫无用武之地。

恍惚中，我那被感冒闷得麻木了的脑袋，闪出一丝哀伤。我摇摇晃晃地走到门外，拉住一个外班的同学："你好，我们捡到了一只死鸟，我们该怎么办？"

"解剖了它。"

我转身摇摇晃晃地回去了。

我曾在新铺的干净的大道上，见到一只垂死的雏鸟。它从高高的梧桐树上跌落，淡黄色的肠子流了出来，血却很少。它身上只有棕色的幼茸，未见一片成熟的羽毛。它幼嫩软弱的小翅膀在崭新的、坚硬的大路上扒拉着，一点儿一点儿向前挪，身子外的肠子裹起了尘土。温暖的阳光热情地倾泻,那难得一见的、纤尘不染的蓝天下,明媚的花在新种的草皮上欢笑。大路宽阔平坦,油漆明亮,两排梧桐树威风凛凛,一齐笔直地向远方延伸。小鸟向那笔直的、望不到头的坦途的尽头,一点儿一点儿地挪。我呆呆地望着那摊不声不响的肉体,直到它终于慢下来,停下来……这时我注意到了它的眼睛,那双温顺明亮的黑眼珠,直直地注视着我。那种清澈的痛苦,那茫然的执着,那逆来顺受的温和,崭新的死亡和初获的生命,辉煌的大道上那一小摊的血肉狼藉,如一把尖刀直贯我心。我大骇,仓皇地逃离气派的大路,逃离明媚的蓝天。那天,作为一个人,我不敢接受一只雏鸟临终的凝望。

不,不,那不是一个生命应该死亡的地方,那不是死亡应该有的样子……

我拂去面前纸巾上那只翠绿的小鸟身上的尘土。这是一身漂亮骄傲的羽衣,这是一个安宁的沉睡者。窗外,是初秋的黄昏,是舒适的林荫,是草木低吟,是夜虫浅唱。

一个生命的逝去,需一方干净的土地。

"走,我们找个好地方,我们要埋葬它……"

秋雨迷在夜幕里。

种种原因,晚自习结束后我们才背着书包,捧着小鸟,来到学校的曦园里。

夜色并不浓郁,紫色的天空漫着粉色的雾。月亮不在,路灯却也温柔。为了纷纷的落叶,为了空空的蝉蜕和蜗牛壳,为了一只碧绿染金的小鸟,大地湿润了。葬礼应有雨。雨中,不应有悲伤，只要那淡淡的哀愁、浅浅的庄严和温柔的祝福。

几个同学把书包放在湿湿的石路上，找到一盏路灯，拿出尺子、剪刀、塑料笔，挖着湿腥的泥土。

清凉的雨浸入发丝与棉衣，浸入小鸟的羽毛，雨落之处，说不清的柔亮。它的羽衣终于不是一片模糊了。路灯下，我看清了那晶莹的绿羽，还有翅下那丝丝金纹。每一片羽毛都是明亮的，那是浸过露水的嫩茸，是披过星光的斗篷，是纵身斩破阳光的金色波浪的双翅，朝霞曾在羽尖燃烧，自由的光辉仍熠熠不灭。此刻下着小雨，世界的某一处，一定还有一片土地，也正漫山遍野歌唱着雨声吧？这件翠绿镶金的羽衣，带我回到那漫山遍野的雨里去，这秋夜的雨，让城市悠悠地浮起来，离树冠、离天空越来越近……那赋予小鸟翠绿的羽毛的神秘力量，曾在春天里，同样地赋予野草葱郁的荣耀；那曾在小鸟喙中爆出汁液的浆果，曾在夏夜里，做过一只瓢虫的枕头。这是一个曾热烈明亮地活过的生命。它，它们，酣畅淋漓地活着，安静庄严地死去，生于天空，葬于大地。本该如此，本该如此。

最后一捧软软的土盖在小鸟的身上。它终于没有在尘土飞扬的大路上被人踩扁。这是我们的功劳吗？此刻，"功劳"二字多么可笑。反倒是我，获得了比那小鸟更多的幸运。我有幸，将本该归于大地的它，还给大地……

"走吧，回家吧。"

拉开书包放回尺子和剪刀时，我看见了那本碧绿的练习册，此时此刻，它像一块软软的松糕，像一片脉络分明的羽毛。我抬头，紫色的天空漫着粉色的雾，明天早晨，一件件漂亮骄傲的羽衣将在那里飞舞。愿它们和我们，都可以自由地展翅，可以安然寻到归宿。

指导教师：殷志佳

习　　惯

◎高 2021 级 12 班　郭悠扬

奶奶在城里，最擅长也可能是唯一擅长的事，是坐公交。

有时明明地铁站更近，她也要倔强地用宽大扁平的脚掌一步一晃地走向公交车站，上车，刷卡，骄傲地听着那声"嘀，老年卡"响起。然后公交车启动，慢慢悠悠，连晃动的幅度都和她的脚掌契合。

现在这个时代，地铁要方便得多。我费了好大劲儿才从她的讲述中理清楚她排斥地铁的原因——地铁的光线太亮，明净的座位闪着冷酷的光。很多时候，你没法确定座位上人与人之间的那道缝，你能不能、该不该去挤一挤。隧道中高速行驶所裹挟而来的巨大的轰鸣声太刺耳，攥着你的心。

我大概能明白她的心情。地铁，对于她这样在山间田野长大又老去的人来说，太过冰冷和不近人情。公交车外有树、有花、有草，车里有聒噪的反向攀比菜价的老人。絮絮叨叨的声音虽说不上好听，但也可以跟农忙后背着箩筐唠着家常在夕阳余晖中向家走的农夫农妇相比。

我知道她想回乡下。老年人是这个世界上最固执的生物，正如我到现在也教不会她用智能手机——她不是笨，是根本不愿意学。

奶奶抓不住时代的潮流。这不怪她，有时我也抓不住。在连续弄丢了两副无线耳机后，我很自觉地重新启用当初买手机送的那副有线耳机——最朴实、最简单的白色耳机，拖着长长的会在胸前打结的尾巴。一副大概率会被说土的耳机。

我不是不能再去买一副无线耳机，但我不想了。有线多好，不会掉，不会摸一下它就碰到了某个触控开关开始胡乱暂停播放下一首上一首。重要的是，我习惯了。

习惯，一个再平常不过又有千斤重量的词。因为习惯，所以舒适，所以安心，所以安全。

前些天晚上，我和妈妈照例躺在床上开启母女夜聊环节。深夜要么是太危险要么是太安全，足以让人感到脆弱。我也不知道我为什么会在妈妈说"楼房一般过了几十年会拆掉重建"这个话题时眼泪不由自主地淌。妈妈一边说我莫名其妙一边从床头柜抽纸巾给我，我一边哭一边伤心地想我住的房子要没了，我生活的痕迹要被抹去了，新房子不会再有我、妈妈、爸爸一起住的痕迹了。

我要失去我习惯的房子了。

第二天起来也觉得自己昨晚好可怕，幸好人不是夜行动物。

结果到了下午，我看到一个标题为"成都人千万不要去留学"的视频。内容是一个留学生用四川话哭着说我好想回成都，好想吃火锅，好想逛春熙路。哭得很丑，我一边嘿嘿笑一边给妈妈看，她还没笑五秒就突然泣不成声，把我吓坏了。这次换我一边说莫名其妙一边抽纸巾递给她了。

我知道她不是莫名其妙。她想家了。她的朋友、亲人都在安徽，她一个人在成都，孤零零的一个人，加上我，也是孤零零的两个人。她还要等三年，等我高考完才能回到她习惯的家，身边有习惯的亲人，习惯的朋友。

记得史铁生写道："人的故乡，并不止于一块特定的土地，而是一种辽阔无比的心情。"不只是心情，也是一种习惯吧。

习惯是经历，是构成自我的一部分。它告诉今天的你，你是谁，你为什么会是你。但习惯对明天一无所知。就像奶奶习惯的是那个用双手和双脚的茧种出来的年代，妈妈习惯的是一个大家族兄弟姊妹聚在一起的欢声笑语。但田地已经撂荒了，炊烟早断了，兄弟姊妹也各自成家了。习惯？没有习惯了。

所以明天是靠打破习惯得来的。止步不前只能一直生活在昨天。奶奶学会了用老年机、坐公交，妈妈把工作干得红火，我也适应了戴着有线耳机往返于两个家。我们都在进步，生活也会进步。

那习惯又有什么作用呢？在要么太危险要么太安全的深夜，还有梦可做吧。

指导教师：杨元林

雨季不再来

◎高 2021 级 14 班　李俊汐

不知什么时候下起了一场大雨。

绚烂的樱色也变得更加虚无缥缈，幼嫩而青涩的花瓣被打落在浸湿的水泥地上。年夜未绽放的彩色包装的烟花堆放在木柜里，也沾染上了季节独有的湿气，再没机会绽放了。

迎面而来三月的风，还夹杂着些寒冷的气息。

我记得一起看过的那场樱花，天地间纷纷然一席粉，些许翩翩落至你发梢与眉宇间，空气似牛奶般浓稠，和着醉人的香味。你笑着，眸里闪动着初晨的微光，似童话里的少女般起舞。渐染天空的绯红，将夜霞编织成晚礼服。清风拂过深红的裙摆，发出细碎的呼呼声，又拂过凝神陶醉的少年泛红的脸。

我记得你仔细看书时的心神不宁，我知道你是在学我，坐在窗边，细密的光影透过树隙，迷离地洒在你桌上；我记得你解数学题时，笔拿起又放下；我还记得你累到靠在我肩上急促地呼吸，不知是谁的怦怦的心跳，通过触觉留下的人的温度，是如此特别。

我记得我们曾去某处的海洋世界，海豚表演因为突发事件而取消，仍有半张票据留在你我的笔记本里，等待着未来的某天再去。

多么美好啊！笑着笑着，眼眶却酸涩起来。

那天，温暖的成都破天荒下起了雪，细密的白点落在手心又融化，你故作神秘地邀我看雪。我应约至学校的天台，你与我初始的地方。

你怀抱着一大束鲜花，或黄或红，笑着递给我，你发上也已沾上层层白雪，"你好多白头发哟。"我打趣说，接过花坐在你身旁，看远方飘然的白雪。

"老了呗，"你噘起嘴，抖落身上的雪花，"喏，若是有朝一日长大成人，我们将会怎样呢？"

"好想看看长成大人的你啊。"你托住下巴，凝望远方。

"你陪我有两年了吧。"你歪着头，盯着我。

"两年零八个月三十一天。"

"都要毕业了，真快呢……"你玩弄起我抱住的鲜花。

"三年前你还是个无趣的小矮子呢。"你笑起来，眼里闪动着什么细碎的东西，盯着远方。

天地间确实是雪的世界了，一点点地拼凑成厚实的幕布，依稀能看出远山的剪影。

"毕业典礼完我就要离开这里了。"

"离开学校？谁不是呢。"我立马接话，有种莫名的情愫蹿上心头。

"离开成都。"你干净利落。

"为什么？发生什么事了？"

"我爸工作调动，我去北方读高中。"

"那里……有很多雪吧？"

"嗯，冬天随时都下。"

我还想搭什么话，却似乎千言万语都堵在喉咙口，化作唾液大口咽下。

没有意义了。

"就这样吧，嗯……谢谢你陪我这么久……"你站起身，"可别让我哭出来再告别啊。"你挤出一个笑脸，抽动着轻轻泛红的鼻尖，"你也不许哭哟。"

"好……去那边后你要开心……"

你最后给我一个拥抱，转身跑开了，漫天的雪盖住了你的背影，呼啸的凛冽的寒风，也盖住了我的泪水。

我始终不能起身，眼里却是初识的情景，你也是笑着向我打招呼，那是我记忆里你的第一个笑容，而同样在这里，你却又给我了记忆中的最后一个，属于你的笑容。

时至今日，不知道你还好吗？

陪你看过那场雪，一转眼却要分别。

坐在凌乱的房间的窗边，天空中残留的蓝色似乎模糊不清，你的身影不再完整，只留下漫天洒落的残英，带着一丝色彩的所谓幼稚的爱慕。你笑着告诉我，要去彼岸寻找未来，希望我好好努力，于是我义无反顾地踏上了征程。

窗外仍下着雨，滴答的间隔大起来，回忆的方糖在雨中一点点融化，梦一般的回忆，却让我感到痛心。彼方的你啊，又可曾想起我？

后来啊，我一个人看书，一个人听着纯音乐，一个人写着枯燥的难题，你应该有新的朋友了吧？还是那么爱笑吗？

樱花瓣，飘落无定所。化青烟，消散尘埃中。

任岁月如是，未曾再对任何一人笑靥如花，梦终于醒来，泪如花舞，悄然落下。

无论多少次，我们都一定会走向共同的结局吧？你终是朵清雅的淡莲，消散在我繁华般的过往里，如裂帛一般。似这街道上堆起的残破的花瓣，再不回来。如若再开，又能否成为绚烂于你心田的那片粉樱？

在依稀的雨影里，我又一次看到你的笑影，看见你深红的裙摆，感受到你的温度。明明忍住的眼泪，却唰地一下掉下来，笑一个吧？如果风再吹起的时候，再次回忆起的话，就足够了。

这是最好的结局了。

"如果能一起微笑着。"

"如果能一起前行着。"

…………

雨停了。

雨季不再来。

我觉得那不是什么爱恋，不过是一种潜藏在青春里的怯懦的情愫，用"恋"这样美好的字加以概括。雨季只要过去，像是翩翩的蝴蝶飞走，就再也寻不见了。

哦，再遇见的时候记得再给我买束花吧？

指导教师：李雪娜

人 的 林 荫

◎高 2020 级 10 班　黄帝裳

心怀伸缩不定的刺,又像盔甲坚硬的龟,抬头望去,周围尽是脊梁挺立的林。

是否经历过这样一种时刻?小舟从此逝,在纷杂的念想里浮沉,压力、烦躁、厌倦扑面而来,连绵不断此起彼伏,一种和全世界翻脸的冲动如野火般滋蔓;世人皆醉而我独醒,对不认可不理解,偏要学一位傲慢的君王,满不在乎画出界线、竖起高墙,做出与我无关的姿态,内心却仍是个孤独的孩子。

又是否经历过这样一种时刻?雪散云消,天光乍破,一道明媚不由分说地挤进你的世界,轻易赶走了那些阴霾,提振起你的精神,并大声强调:"你还活着,在人间。"

天下苦食堂久矣。这想法总是会在停滞不前的长龙末尾、在所剩无几的选择面前、在口味独特的菜品中间难以抑制地壮大,长此以往,便有了回家、外卖、"小食堂"等举措。虽然,得承认,看不太惯也干不太掉,仍是大多数人对食堂的无奈态度,我也一样。我当然离不开食堂,但也不太感冒,随便吃吃,姑且生存,就这样吧。

可一日，菜名板上出现了一张张面孔——或年轻，或苍老，或大方，或拘谨，但都含笑认真地注视着镜头、注视着窗口前的长龙——"方大师""王姐姐""早餐组团队"……这一刻，心中名为"食堂"的符号轰然坍塌，背后的人们浮出水面。

忽然想到了《哈利·波特》中的一个细节。霍格沃茨食堂的神奇之处在于，餐盘中丰盛的饭菜可以自动出现，学生们不用排队，一声令下后就可大快朵颐。但饭菜不是自己做好的，而是由作为侍仆的小精灵们完成后，再送上来的。但是学生却从没见过小精灵，甚至可能不知道它们的存在，它们只是起到生产食物的作用。在这里，它们"人"的属性被抹去，转而被贴上了类似"机器"的标签——事实上，小说中的小精灵本就低人一等，很少被当成"人"看待。

林荫的食堂虽不至此，但是在"人"的发现后，那些菜就不仅仅是"机械"堆砌的有机物了，其中还注入了"倾情奉献""大力推荐"，而那些不尽如人意时的怨气也就随之消散了。"我的精神生活和物质生活都依靠别人的劳动，我必须尽力以同样的分量来报偿我所领受了的和至今还在领受的东西。"在这样的人间生活，我感到幸福。

集体有集体的逻辑，但是情感认同必须落实到具体的人，如果离开了它，集体就会成为空泛的符号，意义被消磨。

写下这些文字是在阳光盛大的清晨，抬眼向操场望去，我又想起了运动会。

于我，这三个字是贯串三年的线——双雄对决的惊鸿一跃、天公作美的命途多舛、正装挺立的气势凛然、拼尽全力的步履蹒跚，尽在不言之中。记得第一次参加后，我在操场上徘徊良久，不能说受到了迎头痛击，但的确体验了巨大落差，他人的勇毅和能力带来了对自我的质疑，也带来了前进的动力。如今再参加，我已更加自信，但那些意志和追求依然一次次令我心神震颤，这一刻，"中国脊梁""超人意志"其意自现。

其实，"脊梁"也好，"超人"也罢，依然是一种符号，一种加入此集体后接受的规训和价值观。认同或反对，你都得承认：只有落实到人身上，它才能够真正被理解。而对价值的理解必然要带有对情感的体验和对"人"的发现。也只有当喜悦、激动、期待、忧愁、惋惜等百味弥漫于心间时，机械重复的脊梁才会还原为千姿百态的人，届时，你才会生发出一种追随人潮向前奔涌的力量与愿望。

我正处于一种大的叙事中。每天看着倒计时，二百六十、二百五十、二百四十……有时感觉世间万物都在向着那一刻汇拢，人生十八年似乎只为那一刻而活。因此我也就常常目不转睛地盯着它。但天高路远，不断出现的困难似乎都成了致人疲惫的关卡。

但"大"势必要以"小"为落脚，情感体验和价值追求都要在个人身上落实。还记得语文老师曾在班上谈起过这样一件事。前几届的一个学生，一二三诊数学都是129分，高考也一样，但是，老师话锋一转，道："那年数学难，这个分数不算差，并且这并不影响他考全省第二。"最后这句话在班上引起了小小的惊呼，其冲击力远比单说"高考数学129，全省第二"强，为什么呢？或许是因为前面的铺垫吧。同为在数学的险峰上攀登的学生，怎会不理解连续129分，长期卡在瓶颈中的那份挣扎和无奈？所以又怎会不真心为最后的成果而叹服？这一刻，我们真切看见的是这位学长，而不是那个空泛的分数和头衔。

所以此间的种种经历和感受，都有意义，共同构成了独属个人的世界。可不可以这样说，关注人和当下就是对消极虚无的预防，体验生活就是对宏大的包容和超越。

这或许是一种提醒：在跋涉时感悟种种，努力做到情感的丰盈平衡；在前行时持续思考"我是谁？""我想要如何生活？"后，对自我的身份认同和价值追求给出自己的理解。

最终，当尖刺消融，当盔甲瓦解，我极目望去，看见的是人，不是林荫。

指导教师：刘　源

考后随笔

◎高 2020 级 10 班　李晋彤

> 这周从家里翻出一个老式闹钟，擦干净，安上电池，竟然还能走。我把它放在书桌上，看着它的秒针机械而僵硬地转动，每次转动都会发出清晰顿挫的转轴声。我让自己静下来，跟着秒针倒数，才发现自己是如此浮躁，刚数了一分钟便神游天外。
>
> ——引子

人生就是个螺旋式上升的过程，也许你感觉自己绕了一大圈，但只要用力的方向是正确的，哪怕缓慢，也一定是在进步。

你呢，兜兜转转，迷惘地向前走。

或许在上升吧。

这段日子真的很快，回头看，许多事情就那样发生了，你却还未回过神来。肯对闺密敞开心扉了，愿意认识新的朋友了，挑战自己当上了科协副主席，给全班同学和听课老师讲了一节公开课，应对了事务高压、作业高压、成绩高压的几周……

或许你没有意识到，这些都是你以前幻想过，但从未想过会实现的东西，他们都在你盲目地向前的时候降临在你身边，可是你没有盛情招待。

刚被七中录取时你说路还长，你装模作样想显得自己沉稳而并非狂欢，可如今的你，除了一点点炫耀般的骄傲，还能找回当初对七中的殷切向往和考上七中的欣喜若狂吗？

当这些降临的时候，你在看未来。

你永远把目光放在了远方，可是远方永远会是模糊的啊！

世界很清晰，你的眼睛很透彻，所谓的迷惘，不过是因为太迫切地想看清太遥远的东西。

你太冷静了，冷静到你曾憧憬的东西摆在你眼前，你都不会看一眼。

而你又太急迫了，急迫到你只会望向无穷的远方，急迫到你没有耐心等待事物降临。

时间的转轴踩着不变的步伐，稳当地走着，你只需静静等待它转到的那一刻。

抓耳挠腮、上蹿下跳改变不了任何客观事物，它只会让你急躁、浮夸。

所有的荣誉与辉煌都会一个一个降临的，你又为何不能沉住气呢？

现在的人很少会用那种立在床头的铁闹钟了，可是当你真的将一个闹钟安放在桌前，听着它有条不紊的走秒声，你会突然意识到所有属于你的东西都在路上向你一步步驶来，那么沉静，稳步向前，那么恢宏，那么雄伟。你会被那轻微却每一声都清晰的走秒声吸引、震撼，你会沉醉于如此微不足道却有千军万马之势的声音。

现在的人大都太急切了，甚至没有耐心听闹钟走完一圈。

人说欲速则不达。

愿你明晓、清醒、沉稳。

指导教师：刘　源

含章楼逸事

◎高 2020 级 13 班　蒋嘉鑫

写在前面：此处笔者仅就含章楼寝室生活及校园生活的点滴小事写一些文字，借以纪念三年的日子，想要了解学校概况的请移步官网，想看看七中学生课余休闲生活的可以来这里看看。

含章楼，顾名思义是应当含一点儿蟑螂的，然而于此蛰居两年半，却未曾见过这镇宅之宝。而今搬至三楼，长期以"天下不扫何以扫一屋"的理念治室之后，含章楼的主人也终于愿意光临了。因为害怕时间的流逝洗涤我这庸人所记得的旧迹，我是早有想写一些东西的打算的。睡在楼主上铺不知多久的我似乎也该抓住灵感的蟑螂胡乱爬几行字出来。

蚊

一虫一文谓之蚊。故而含章楼的文人们以蚊自称最是合适。314 的住户无一不是才华横溢的。总有在一次偶然的押韵之后众人便你一言我一语地押起来，直到脑汁枯竭无词可出方为结束。常见韵脚可以绕床三日而不绝，罕见妙句则能名留寝室小黑板一周。为此，鄙人曾写一四言小令以自娱。所见者无不拍手称妙，此处便斗胆搬出贻笑大方。

川泽有芳，华亦可刚。巢中才俊，祖龙为王。

前两句便是以比兴手法以花之美而刚强喻人。"巢中"一句点出含章楼是才俊聚集之地，而祖龙为王则写出了学生对龙的敬重与向往。单论文气，可谓破碎，再看韵脚，更是如同泛滥口水。此新奇之处在于其将数理化生四科教师之名巧妙结合，懂者自然会心一笑。

说到小诗之类，此处笔者想要宕开一笔。填词之法，老师曾在课上讲过，而含章楼的文人能将其运用于打油诗的创作。一次体育课后恰好是语文，有几人回班稍晚。从操场狂奔至教室门口，还来不及喘气，便见语文老师在门口等待已久，集体拍照留念。于是便有人当即怒发冲冠，挥毫泼墨，两首打油词随机而成。

其一曰《满江红·戏赠亚姐》：

汗似江河，哗哗下，红光满面。挥洒处，武生意气，尽书生愿。两刻扣接赢叫好，一秒晚到得照片。喜胜忧，此后忆寒窗，当为惦。

语文课，犹隔远。亚姐颜，已可见。奉旨填，抒以不羁执念。力士贵妃皆待我，亚姐岂可推之变。待下周，快马又加鞭，看谁先！

其二曰《浪淘沙·球祸》：

春且不觉烦，夏已盎然，日炎更助扣球燃。铃响却无声入耳，半晌贪欢。

回返却遭拦，门外排站，竟由此事惹争端。谁谓廉颇干饭难？下次还敢！

好巧不巧，两首都是在下的作品。

夜　聊

曾有人说，女生和游戏是男生寝室永恒的话题。但314的住户们在与世俗同流合污之外还有着更大的格局和更高远的视野。我们的夜聊汇聚了成都、乐山、自贡、德阳的香料炒出的心灵夜宵，有着不同地方初中带来的各种经历以开阔眼界，有着对人生选择的探讨与思考，有着对择偶标准的大讨论（似乎还是没能跳出讨论女生的范畴）。

每当考试前，我们是最兴奋的，通常难以入眠。于是聪明的314住户想出了一个尽快入眠的方法——你来描述我来猜。通过封闭式问题的提问，一步步缩小范围逼近别人心中所想。如此一来，过剩的精力被消耗，几轮之后就只剩呼噜声陪伴，最后一个醒着的人度过漫漫长夜了。

开　会

"古来圣贤皆寂寞，惟有饮者留其名""今者学生少欢乐，唯有研者留其名"。七中学生乐于各种脑力竞技与细节捕捉的博弈。含章楼住户是乐于组织或参与各种会议讨论的。每次大考过后的周末，总有留校生在曦园的小亭子里交流学习，彼此切磋。当你靠近一听，会了解到关于伯努利方程的各种奇异解法与观点，于是你长叹一声自愧不如准备离开，却又听见一声"天黑请闭眼，狼人请睁眼"。哦，多么懂得劳逸结合的学生啊，研究完伯努利还知道闭闭眼保护眼睛。如此种种会议内容就不便透露了，涉及与会人员的心血与"人身安全"。

如此倒是使我想起了胡适先生的留学日记：隔三岔五与某君打牌、打桥牌。原来像这样聪明的人早在民国就出现了。我们七中学生还要加油才是。

写在后面：此文所展现的仅仅是部分七中学生的部分生活，且经历了笔者的艺术加工，请勿将其看作七中学生的精神长相。出于对西南联大自由学风的向往，笔者在此文中尝试模仿汪曾祺先生的笔法，如今看来确是有些不知好歹了。也罢，便以此为一种尝试与致敬，万望读者海涵。

想来深夜码字之时，唯有蟑螂君陪伴我吧。

指导教师：黄亚妮

逢　　春

◎高 2021 级 2 班　李诺然

　　清晨，不情不愿地从床上爬起时，窗外的小小天空在飘雪，天色也未放亮。

　　这倒是极为符合预期的天气，往年的除夕，透彻的响晴天是很少见的：运气都被初一吸去了，所以初一早上起来发现艳阳高照，踩着雪登门拜年也是再适意不过的了。

　　年午饭的桌上少了很多人，杯里的分量却更重了，谈笑风生间，世界的重量仿佛又微微向我肩上倾斜了几分。我们真正认识到自己究竟是谁的那一刻往往是通过不经意的细节，此刻切实为我所感受到了。

　　路过公安岗亭，没有去年那么热闹，给门前雪人嘴的位置插上一支烟的有趣举动也没见到。围着热锅而坐的一帮人，门前停着的两三辆警车，已是遥远的记忆，今天只有形单影只的巡警摩托车。

　　公交司机依然急躁，空无一人的车仿佛在参加拉力赛，在城市的道路间自由地飘移。

　　老旧小区昏暗的玻璃，能透出室内的一点儿微光。背叛炊烟的行径，现代人趋之若鹜，但是和油灯共享光色的白炽灯，在发光的同时也有炙手的热度，和古时候用于照明的蜡烛，也能产生某种程度上的共鸣吧？

目光突然被三座高层建筑吸引了，同样是住宅楼，这三座却灯光普照，金碧辉煌。哀叹还未上升至喉咙，就被我咽回了肚中：不过是粉饰楼体的小射灯罢了，哪里比得上千家万户尽团圆的锦绣图呢？

据说钟声响彻之时，在某广场有盛大的烟花秀，遂欣然前往。奈何车流实在拥挤，只得在马路中央、鸣笛四起的环境下，透过干枯的枝丫，隔栏望月般欣赏五百米外天空上灿然一绽的烟火。

不知此时，主持人是否一同喊出贺词？难忘今宵是不是就要唱响？不知道寒山寺、五台山、布达拉宫的钟声，会不会随着人们的欢庆而唱和？

满地都是火药粉，或是炸碎的炮仗，或是空洞的爆竹，或是纷飞的红纸……

羌管悠悠，满地红。

壬寅腊月三十除夕

指导教师：李雪娜

江　　河

◎高 2022 级 12 班　郑丁丁

骤雨临山，将甘与苦，注入这条大江。

儿时的我，常常在夏日傍晚到访家附近的嘉陵江。跟随着父亲越过平原，河湾处，远方滔滔江水似青龙翻腾，撕开夜幕滚滚而来，涌向下游西岸的高山，流过东岸肥沃的田，终消失于远方的万家灯火。父亲此时已准备就绪，更衣涉水，鱼鹰一般扑向水面，在江心腾跃。

落日下壮硕的背影，融于江浪的背影，曾温暖我的童年。自那时起我也开始思考江背后的故事——姥姥讲的神话里，始祖华胥是否在此地留踪？《楚辞》里洛神是否同那些香草一样留芳人间？至于屈原，父亲游泳时，是否在这数千年的暗流声中，听到他的叹息？听到那华夏先民用诗、用歌、用生命绘成的今日的文明盛曲？

白驹过隙，随着我离家外出求学，童年所绘制的梦境也逐渐消散。

今夏重临，本想再见一见那片山水，回家途中渐响的噪声激醒了我，家门前的河湾要改建。看桥桩如尖刺般扎入大地，挖掘机掘开千年的宁静，测量、绘图、爆破、合围……大堤已筑，加固文明幻境；轰鸣阵阵，尘土飞扬在城市化的泡影中。

几次，当我受不了噪声的灼烧，开窗望时，却只见单薄的背影闪烁——他们不过是普通的农民工，烈日当头，晒出了他们的苦汗。这群"不速之客"，不过也是城市里的"难民"，在流离中糊口……

三伏天时，噪声突然停了。平原已侵占无几，嘉陵江水无力流过，苟延残喘。近日暮，我独向河畔，意在与江做个告别。

踏着工地的尘土，步至江湾，落日一次次像血一样涌入江水。回想曾经江水吞吐泥沙，水鸟、风帆随之舒展，心中难免唏嘘。

忽地远方笑声迸溅，回头望，正是几日来遇到的农民工。他们光着膀子，肩上挂着被汗浸成黄色的短衫，弓着背走来。花白的头发，暴突的肋骨，默默倾诉着岁月的变迁。

走近看，他们上身已被太阳烤成尘土一般颜色。看到我，知道最近噪声恼人，朝我不好意思地咧嘴笑笑，颊间堆起的皱纹，像江中的万千波涛；额头还坠着豆大的汗珠，似波涛拍岸溅起水花点点。"吃过没？"一声淳朴的问候，夹杂浓厚的北方方言传来。

简短交谈后才知道，他们是河北人，四处赶活儿，随着工程队从黄河漂到了长江。一行人都是同乡，有的三十出头，有的年近花甲。最炎热的日子里工程资金周转吃紧，他们还没领到工钱，在附近山间找零活儿。我不敢想，毒辣的太阳如何炙烤他们的脊背，榨干他们的苦汗，浸过他们的干眼。可他们现在这么快乐地望着长江，想着疲惫的身躯能在奔流中暂时解放。

"这里水好。"他们说。

彼时，他们已经涉水，扑腾几番后，一个猛子扎入水中，如雄鹰展翅对抗着洪流，一次次，把我的心也流成了无边无际的壮阔。余晖洒在江面，将农民工的背脊染成金黄。江头徐徐传来有力的号子，原来是黄河船夫曲。一瞬间，长江与黄河，北方与南方联结在一起——这一刻，城市下的人们用浑厚的歌声与千年前江头船夫的号子遥相呼应。

城市在不断侵蚀着过往，但它们的建设者无罪。前进的脚步里，他们在日复一日的劳作间隙里寻找快乐，在苦难中寻找自然最深沉的力量。声声船夫调中穿行着中华民族的基调，一份苦中带甘的雄浑之美。

我的心底在欢歌。原来，当我们把心放大，放大到如长江一样壮阔，从远古和天边走来，向未来和大海流去，就不会再斤斤计较于文化的消逝。我们将会在万千劳动人民甘与苦的交融中，奏响一支无尽的黄河船夫曲。

指导教师：殷志佳

上学路上丢失的鱼

◎高 2019 级 6 班　喻扬洋

我的童年,在小学戛然而止。

彼时,一年级的新生大字刚识几个,却已被塞进各式各样的兴趣班,我从故乡的小城搬来这个高楼林立的城市,用童年为代价换取未来。

每次爸爸来接我的车停在校门口,我都会想着拒绝,我想对爸爸说,我想走着回去看看天与树,天会是蓝的,路旁有茂盛的树,翠叶在风中飞扬。但我从未说出口,我只能透过车窗,看着大城市中灰蒙蒙的天上灰蒙蒙的云彩,听着爸妈不断地把努力学习挂在嘴边。放学后接踵而至的补习班和堆成山的作业,将我锁在了家、学校、补习班的三点一线中,让我忘了年月,直到穿上短袖,风渐暖和,才知晓这是一个久违的夏天。

每当这时候我特别想念我故乡的小城。

我的小城,靠着长江,有着连绵不绝的青葱小山,有座小山脚下,就是我度过童年的小院,它有着好听的名字,百竹园。

百竹园里有片不大的荷塘,夏天时有星星点点的粉红,藏在一片翠色中,有白色的荷,也有粉红的瓣绽在其中,不时有桃红的蜻蜓点水而过,在平静的水面上留下一圈圈涟漪,渐渐荡开。也会有唱着歌的百灵鸟嬉戏在林间,留下一串清脆的鸟鸣。

荷塘边有一片竹林,郁郁青青的,长年都似乎是同种模样。当我幼儿园放学外公来接我时,我会背着拍打屁股的小书包,蹦跳着穿过竹林,听着竹叶因风而作的声音,很是好听。外公经常顽童似的折下一根长长的竹竿,剥下在上面的叶片,再递给我。我接过它,甚是欢喜,我举着那长长的竹竿,奋力向前挥去,打在水面上,让尖端垂在水面,孩童的我称之为钓鱼。尽管没有线,塘里可能也没有鱼,但我就是喜欢这般拿着竹竿,故作深沉,像个入定的老翁,钓着不存在的鱼。我希冀着,是否会有那么一尾金红的小鱼,咬上我的竹竿,让我把它捞起来,养在家里透明的鱼缸里。

我可以这样,静静地钓鱼,看着水面荷花摇曳,可以钓很久,很久。

现在想来,孩提时的快乐竟这般简单,明明知道钓不上鱼,却在握着竹竿时,是那么欢喜。

我记得很清晰,邻居家有一只大狗,黑白相间的毛发蓬松而柔软,我时常和它一同坐在洒满春阳的窗台上,我捧着一本《唐诗三百首》,狗狗伏在我的脚边,伴着琅琅书声酣然而眠。待它睡熟,我会轻悄悄地将书放回膝上,弯下身来看着狗狗竖起的耳朵尖儿,那灵动警觉的耳朵尖儿,即使是熟睡,也会轻轻跳动,就像小时候外公带我去过的长江近滩上跳动的小鱼,从印着阳光的水面下冲出,搅乱了粼粼的金色。

我在狗狗的陪伴下,背下了我的第一首唐诗,是杜甫所作的《江南逢李龟年》,小时候无忧无虑的我,怎么会懂得那"落花时节又逢君"的字字珠玑。我只是趴在狗狗暖融融的背上,看着窗外因清风而过而簌簌摇落花瓣的桃花树,粉嫩的花瓣透着阳光,在融融春意中,就像粉色薄霞一般,继续无意识地背诵着诗歌。

我也曾带着狗狗和我一同溜出门去钓鱼,我记得我折下一根竹竿,仿佛下定决心一般,蹲在狗狗身边,凑在它耳边说道:"这是我的秘密哟,就只给你说。"狗狗仿若是听懂了,配合地悄悄伏了下来,我举着竹竿,在池塘边坐下,等待着我梦中的那一尾小鱼咬上竹尖。乍泄的春光透过竹叶的缝隙,在青砖上留下斑驳,严冬还未全然消去,满塘的荷叶还尚显破败,但我凝神望去,却也能看到新绿爬上根茎。因为我是那么熟悉我的荷塘,我等着荷花开放,它们也静静看着我长大。

刚看完秘密花园的我,也中二病似的学着书中的小少爷,把这一方天地划定成了我的领地,这片竹林,这处蓝天,这方荷塘,还有那可能上钩的金红小鱼,皆是我和狗狗的秘密花园。

我也喜欢溜上屋顶,将脸埋在外婆晾干的被单里细嗅着那股味道,有人说过那是太阳的味道,没有洗衣粉的花香,干干净净的太阳味儿,令人安心。我在夜晚躺在铺满月光的小床上,环绕着太阳的味道,在"日月同辉"中渐入梦乡。

梦里有夏日荷花接天的池塘,有毛茸茸的狗狗,还有那一尾金红的小鱼,连梦都是美好的呀。

只可惜,我的童年,在小学戛然而止。

高楼林立的城市没有青葱山丘和弯弯长江，也没有长满翠竹的百竹园。因为补习班和课业，还加上"陶冶情操"的兴趣班，我已没有再回去过故乡的小城，它已与我渐行渐远。

城市的白天似乎是不透光的，层层过滤后的阳光带上了一分冷意。街边的树蒙着一层汽车飞驰而过留下的灰尘，我的窗前也不会再有驻足的百灵鸟遥吟俯唱，播报春天的讯息。偶然飞过的麻雀，也抱怨着这里的冷漠，振翅飞向更远的地方。

外公、外婆卖掉了故乡荷塘旁的房子，追随着我们的脚步来到了大城市生活，我去过外公外婆的新房，没有竹林，更没有荷塘，只有光秃秃的小山丘，敷衍地种着几棵矮小的树苗。

爸爸也有带我去钓真正的鱼，那是一处水库，水有些深我甚至不敢靠太近，远远举着沉重的鱼竿，看着那一群聒噪的鸭子游来游去。恍惚间，我的眼前出现了那满眼翠绿和粉红点缀其中的荷塘，狗狗依然在我身边，可是定睛一看，一切又归为虚无。

我钓起了几条小鲫鱼，它们是灰黑色的，泛白的瞳孔冷冷盯着我看，我沉默地让爸爸把它们放了回去。这次明明钓起了鱼，可是为什么在那一片竹林中，一个人安安静静地用折下的、那没有线的竹竿，钓着那一尾金红的小鱼，却更欢喜呢？

我总算得以回了一次故乡，拜访了曾经的邻居，看到了记忆里的狗狗。可我从来没有料到，我们相伴的那些时光，是我的童年却不是它的，多年过去，我依然是少年人意气风发，可狗狗已走进风烛残年。它不再像从前那般灵活，再见到我时，就像多年未见的老友，那么兴奋，可我还是看出了它的疲态。

人的一生或许很长，狗狗只是我童年的玩伴与过客，我未曾想过，那一个在荷塘同它一起玩耍的小女孩儿，却是它的半生。

这时我才终于明白了那一句"正是江南好风景，落花时节又逢君"中的寸寸丹心。

落下的是暮春凋零的花朵，杜甫失去的却不仅是他的故乡，更是那一派盛世升平。

而我在暮春花谢时，失去的是我孩提时的秘密花园、我的故乡。

或许年年岁岁花相似，但岁岁年年人不同。

我真的很想念童年的百竹园，我念着那里流光溢彩的晚霞，想着故乡月明当空时的青郁竹林，我时常在梦中看见那只金红的小鱼，透明的玻璃缸旁，是一朵粉红的荷花，开得正艳。

我背着沉重的书包，奔波于那机械的三点一线之间，在秉烛夜读时透着冰冷的玻璃，想着算着还要多久才能"复得返自然"。我想的是故乡的明月，和明月下安眠的小城。我翻过一页一页描写着美丽风景的书籍，却厌倦这座城市的麻木，我只想回到那故乡的竹林，看荷塘月色，听蛙声蝉鸣，在透着木香的栈桥上，披着满天星回百转，再折下一根竹竿，忘掉远方城市喧嚣，静静垂钓。

我有时在想，到底什么时候，才能再次钓起小时候那样的鱼。

指导教师：殷志佳

奔跑，你好

◎高 2021 级 4 班　关迭溪

我常常跟着一个女孩儿，跑过城市的大街小巷。宽窄巷子弯弯曲曲，幽深窄长，玉林西路的梧桐绿了又黄，黄了又绿。这座城市，叫作成都；而那个女孩儿，就是我。

在奔跑的路上，我遇见了太多友善的好奇，总会有人问我："你为什么那么喜欢奔跑？"

我想，对奔跑的喜欢，可能单纯开始于一种习惯。我习惯了迎着朝阳奔跑，习惯了踏着晚霞奔跑；我习惯了轻嗅微甜的风，习惯了沐浴温暖的光。年年岁岁，岁岁年年，就这样，奔跑一点儿一点儿地占满了我的心房。

我太喜欢清晨出门时的那种安静、惬意和鲜活清新，我太享受午后迎着光的那种温暖、舒畅和大汗淋漓。我太爱那初春的暖风、盛夏的骄阳，我太爱那金秋的果香、寒冬的孤月。奔跑，成了我与脚下这座城市，永远割不断的联系。

我记得，早晨小区里结伴锻炼的大爷大妈，他们总是看着我，笑着说："这个女娃子可以。"我记得，小区门口的保安大叔，隔壁院子的工人师傅，日子久了，就成了朋友。他们总是大老远看见我就开吼："妮子，又出来跑啊。"有时候，我也会停下奔跑的脚步，扯一个小竹椅，看他们打牌、下棋，燥热的午后扇着蒲扇唠着嗑儿。还有隔壁铺子老板娘家的小女孩儿，脚步声中，我看着她渐渐长大，从一个黄毛丫头渐渐出落得亭亭玉立。奔跑，让太多的生命产生联系，让太多的生活有了交集。

有一个忘年交的跑友，小时候就住在玉林西路，燥热的八月，总是在巷子的某个拐角碰上。常常，我们会一起跑过小酒馆，在芳草街的街头停一停。他总是指着身旁的路牌，给我讲他的故事。

"小时候刚学会骑车，就蹬着母亲的自行车，吱吱呀呀把玉林大大小小的街巷逛了个遍。现在的玉林，又熟悉又陌生，但那股人情味，倒是一直没变。"

市井长巷，聚拢来是烟火，摊开来是人间。恍惚间，奔跑其实已经陪伴了我整整8年，从四年级乳臭未干的小丫头到现在的高三生。五年级参加了人生中第一个十公里马拉松，六年级开始每周一小跑，初中三年的寒暑假总是如期拜访兴隆湖。曾经边走边跑才拉扯完区运会400、800米，现在已经可以持续奔跑一整节课。

还记得体考后的数个夏日，雷打不动的25圈，没有音乐，就穿着短裤、短袖，顶着烈日，一直奔跑。

朋友总是很好奇地问我，在操场上重复跑圈，真的不无聊吗？

不，不重复，不无聊，不孤独。

每一圈的奔跑，都有不一样的风景。

半场又进了一个三分，排球跳发，足球在男孩儿的脚上翩翩起舞，羽毛球在空中划出优美的弧线。女孩儿的影子拉长又缩短，树荫洒下点点斑驳。

奔跑，这是一个很小众的爱好，一个很少有女孩儿一心向往的赛道。但奔跑，不仅教会了我共情，更让我奔向那个全新的、更好的自己。在奔跑的路上，我常常是一个人，可许多人的故事，与我相遇。

我不知道，多年后的夏日，阳光是否依然明媚；我也不知道，自己是否还会记起，操场上一圈圈奔跑的女孩儿。但我坚信，我会一直在奔跑的路上，一路向光，一路奔跑。终有一天，我会迎面遇上那个转身跑来的女孩儿，阳光下，笑得肆意。

你好，终于相遇。

后 记

当我停笔写完最后一个字时，就好像给那一段鲜衣怒马的青春画了一个饱满的逗号，完成，但没有完结。奔跑于我，是深入骨髓的喜爱，是最温暖的陪伴，更是最坚定的支柱。暂且搁下笔，去另一条赛道，跑一场终点未知的马拉松。

奔跑，再会。

指导教师：黄炳章

落叶的舞

◎高 2022 级 2 班　李若溪

黄色的落叶悠悠地旋转着，缓缓地飘落着，一片又一片……渐渐地，地面上铺满了一层柔软的金色。阳光柔和地落下，那是三年前的金秋。记忆中，还有她——我的朋友、我的挚友，同在这漫天飘舞的落叶下，就像一场遥远而缥缈的梦。她回头朝我无声地笑着，如丝如缕的温暖包裹了我。

我们俩是以同学的身份偶然相遇在银杏树下的，那么刚好，毫无缘由又毫无征兆地成了好朋友。第一年，我们背靠背坐在温暖的落叶上，陶醉在迷人的秋色里，爽朗自由的笑声穿透了晴空；第二年，我们一起收集美丽的银杏叶，做成信笺，做成书签，独一无二，生生不息；第三年，她在飞旋的落叶中跳了一曲芭蕾舞，踮起脚尖，踩着落叶的音符，又像是落叶为她伴舞。我还能看见她明媚的笑，如那金黄的银杏叶在秋日下闪着光。一支舞毕，她要离开了，离开这座城市，只为我留下这满眼的秋色。

三年后，我升入了高中，在一个金黄的季节里度过了大半个学期。身边形形色色的人，止不住的善意，我好像很快融入了这里，也交到了新的朋友，会一起开心地笑，一起抱怨题目的难、作业的多，可一眨眼看到银杏树泛着金黄，风一吹仿佛又忘了今朝，还是忘不掉落叶下的舞。随着时间逐渐流逝，望着身边的"朋友"又迟疑起来，或许是那抹金黄在逐渐淡漠的回忆里太过耀眼，害怕再没有那样的真诚，害怕忘却，害怕离别……

  下了晚自习，教室里的人稀稀落落，我和一个朋友一起出了教室，走在操场上。也许秋冬的天暗得快，也许本就是傍晚，只是远处一盏昏黄的路灯洒下点儿光亮，映衬着一棵近旁的银杏，酝酿着柔和的光。就是这样一条不足为奇的跑道，在我停下脚步的刹那，她蹦蹦跳跳地向前跑去，轻轻落在了光圈里，就像翩然飘落的银杏叶一般。斑驳的树影和细碎的光点直直照进了我的心里。她踮起脚尖，张开双臂，向我挥手的那一刻，我看见她脸上毫不遮掩的、真诚的笑意。那一瞬间，记忆中的画面逐渐光明而真实，像是又一场落叶之舞的开幕……我似乎变得通透而晶莹，我踮起脚尖招手回应着，像是与落叶共舞。

  落叶的舞献给了更美的萌发，过去的相逢必然在过去的日子里熠熠生辉，永被珍藏。而新的邂逅也一定会到来，张开手，去拥抱下一个秋日的金黄璀璨。心怀过往，也要迈向前方！

指导教师：殷志佳

秋　绪

◎高 2022 级 4 班　范馨蔚

收获的喜悦，是金色的桂花潮湿的香气，熬出来的浓浓秋意。走在秋风瑟瑟的城市，我的思绪偶尔云游天外。我是怎样走来？这深秋曾见证了多少欢笑与泪水、骄傲与悲凄？秋天是容易勾起回忆的季节。

1924 年，曾外祖母出生在长江边的一座小城。她讲日本人几次的轰炸炮弹都钻进长江水，于是她的小城幸免于难时，笑得眼睛眯眯的；她唱起"十四年抗战，叫铁人流泪"时声音低低的——记忆中我的曾外祖母只对我唱过这一首歌。亲戚们都说曾外祖母年轻的时候非常漂亮，但胆子很小，有水灵灵的大眼睛，温柔地带点儿怯意的眼神。于是我很难想象，那个大眼睛的小姑娘怎样在战火纷飞的年代倔强地告诉爸爸自己要读书，要做老师。也是一个金秋九月，人们习以为常的防空警报声里，秋风有点儿凉，我的曾外祖母走进师范学校的校园里，婆娑的桂花树在瑟瑟的风里眨着眼睛，满帘的桂花落下来，地上一层斑驳的金沙。

1949 年新中国成立前夕。去台湾的最后一批飞机要走了。

曾外祖母计算着生产日期，最终决定留下来。我的外婆出生在开国大典前几天，我的外婆出生几天后就再没见过父亲。那个秋天好像冷得很早，金秋十月里大街小巷张灯结彩，曾外祖母给外婆取的名字是"立明"，黎明与喷薄的朝阳一齐到来。曾外祖母带着外婆回到故乡继续做她的老师，养着女儿养着底下的几个弟弟妹妹，那时候她也才25岁，她不怎么说话，看上去仍是青涩的、怯生生的。

妈妈不太给我讲外婆小时候的事，外婆自己也不说。只知道她成绩很好，在像我一样大的年龄因为全然没有记忆的父亲的身份下乡当了知青。外婆有时会讲一两句俄语，兴起会打开我的钢琴弹一两曲。水稻熟了汇成金灿灿的浪潮，田埂上的她又在想些什么？那时也是秋天，她刚过完生日，桂花开得总是那样满，乡村的黄昏很模糊。

妈妈为数不多的描述里，外婆是完全的乐天派。她不太关心妈妈的成绩，也不太担心她们的生活，好像大大咧咧的什么都无所谓。可我也知道，为了妈妈的学费，外婆怎样在黑夜里奔波于两地，像男人一样肩扛手挑，又怎样在天边发亮的凌晨站在马路上拦货车搭回家。外婆的身影融在晨曦金灿灿的色泽里，像是陷在一块明黄色的颜料或是暖橘色的街灯里，昼夜不分。

就这样长大的妈妈一路走到未名湖畔时是什么样的心情呢？妈妈说在她的青春时代，她敏感也迷茫。MP3里放着校园民谣和摇滚，一支笔无言地遥望着渺渺西北戈壁的风沙。几十个小时的绿皮火车，她终于看到了北京的高楼大厦，未名湖畔也有桂花，葳蕤的树叶沙沙作响，喧嚷得满眼都是潮湿的金黄的芬芳，和她的故乡一样。妈妈会忽然有点儿想哭吗？小时候没有被安慰和理解的小女孩儿想要为自己的勇气流泪，她坐在公交车上，北京很大很大，一切都显得和长江边的小城不同。她默默告诉自己，要是她也有了自己的小女孩儿，她一定会和她做朋友，一定会拉着她小小的圆圆的手很慢很慢地走在回家路上，告诉她这个世界美丽得让人感动。

我想我在文学方面的兴趣大部分来源于母亲。她的文字本身就带给我很多触动。一路长大，我常常感叹于我们的相似，心理、性格、文风甚至思考问题的角度。我几乎会把所有事情和她分享，事实上这个世界上没有人比我们更了解彼此。虽然我们会有发生矛盾的时候，可回过头去想，她也是第一次当母亲，这个新世界我们必须一起探索。

我终于走进曦园，在墨池一侧翻开书本，窗外的银杏叶在蓝天下翩翩然扇动翅膀，挣脱滋养它的大树。妈妈说我长大了，我的性格和她高中时不尽相同，她说我很勇敢，在柔软的同时也有坚韧的力量。妈妈的朋友圈里有天府三街的秋天，我的练笔里是七中校园的桂香。我也很想告诉她她的变化，其实她温柔而坚定，她早已不是当年那个低着头的小女生。我们都在寻找世界的边界，与自己和解。

周末回到我出生时候的老房子，那里要拆迁了，院子里的老桂花树也要被砍掉。我的手拂过它的枝干，浮想联翩。是不是每一个家庭都在秋天里有这么多的故事？还是其实每一天的平淡生活其实都是珍贵的故事，只是我们将其中的大多数遗忘了,只记得沁人心脾的桂花香?

妈妈和我靠在沙发上,曾外祖母坐在躺椅上,外婆在做饭。这样静谧的一刻里我忽然很感动。女性们自有与世界相处的方式,脆弱的、坚强的、怯懦的、勇敢的、敏感的、果断的,藏在我们血液里暗涌的骄傲、难言的坚强是任由秋风压迫、严寒吞噬也不肯服输的向前的力量。

其实桂花和秋天很像,粗糙坚实的枝干上饱绽着热血与热泪,明柔的金黄将秋日的衰凉熨烫得妥当。我们同桂花、同秋天一样默默平凡着,默默铭记着一个又一个沉重而浓郁的时代。这些时代在夜幕上静悄悄地眨眼,它记得我们的故事,又不只记得我们的故事。我知道是黑夜给了我黑色的眼睛,它在破晓撕裂厚重云层的那一瞬间微微发亮。

它要我不惧,要我勇敢地奔跑下去。

要我温柔地推翻这个世界粗糙的瓦砾与满地的沟壑,要我替它继续温柔地、倔强地与这个世界握手言和。

指导教师:张　意

树 的 立 春

◎高 2022 级 12 班　黄俊杰

昨天都还是冬天呢。

早上翻看日历，看见"立春"二字赫然立于其上。像一束柔和的光突然照过来：啊，就是春天了。天色微明，还看不见太阳，竟然就是春天了呀。

昨天都还是冬天呢。时间过得未免也太快了，树或许会这样想。

这是一棵每到秋冬都会准时落叶子的树。温暖的南国多常绿树木，它却扎在一团团苍翠的绿色中格外显眼。没有人叫得出它的名字。也许拿出手机一拍就知道，但没有人这么做。你看着这棵树在这里，它就在这里，真实地绿着或秃着。但如果知道了名字，把这样的一个名字和这样一棵树放在一起，就好像它们不该在一起似的，让人感觉一下子好陌生。

昨天这棵树在干什么呢？喝水，和太阳说话，永无止境地生长，像鲍尔吉·原野写的《草木结霜》中那样。今天似乎和昨天一样，春却急急忙忙地跑过来，把冬天赶走了。今天怎么就是春天了呢？

每到这个时候，有一个共同的主题都会被人和树共同感伤：那就是时间。一年将至，怎叫人不感叹流年似水，韶光易逝？院子里那棵落叶子的树也应该暗暗叹息。它每年总要长叶、落叶，想必是十分真切地感受过时光的脚步吧？

它很孤独，在一片枝叶遒劲的林中被冷落。也许它很早之前就扎根在这片土地上，春天抽芽，长出点点嫩绿；夏日成荫，供人乘凉；秋日叶渐枯黄，终于披上白霜。每年它都静静地绿，静静地黄，静静地显示着春去秋来的岁月变换。

孤独让它得天独厚，有和时间单独相处的机会。它目送这时光之河潺潺而来，潺潺而过，它用绿的、黄的树叶挥手致意。也正是这样，林子里才有了一些明显的秋意或春意。它那么深情地驻守时间，吝啬的时间却没分给它自己的一些什么。

它也不恼，还是日夜不休地目送时间流去。它自己并不需要多少时间，只要能够大口大口地喝水，能够和太阳聊聊天，能够等秋风把叶子染成金黄，能够咯吱咯吱地生长。它感叹时光，却不悲伤，只是毫不犹豫地把在手的时间一点儿不剩地用出去。

用出去，就够了。

这棵树或许也给了我一些启示：时间是公平的，并不需要格外地珍惜或节约。不必对时间悲伤，只需要把手中的时间用出去，把岁月用出，老捂在怀里，会发霉的。时光老人自有他的智慧，用出去，总会得到些什么的。

又是立春，树又有四个季节握在手中，用来生长，生长，生长。

树也许还在感叹：昨天还是冬天呢，今天怎么就春天了呢？

　　这未免也太突然了。

　　是啊，时间就是这么突然，那就更该用出去，好好地用出去。瞧，树梢已有一片新叶了。

指导教师：殷志佳

成　都

◎高 2020 级 6 班　刘昱杰

有人说小镇临海是一碗清淡的白粥，有人说小镇鹿港是古早味的麦芽糖，有人说杭州是被清泉洗过的瓜果，有人说古城南京是散着千年香气的檀木……成都呢？成都是什么？

成都，是翻滚着的麻辣火锅，是辣而不辛、绽放在舌尖却溢满周身的味道。成都，以纳百川的姿态，留住了四方来客，以麻辣火锅的热情，温暖了四方的胃，更暖了心。在这座城市飞腾的路上，国际金融中心选择在此落户，大运会选择在此举办，属于成都的"蓉漂"一词迅速诞生。这是火锅的魅力，是成都的魅力，火锅般的成都将独属于它的热情与爽利浸润给了每一个来到这里的人。

成都，是古色古香的盖碗茶，是同那氤氲雾气一同蒸腾出的醇厚。一张太阳神鸟金箔，揭开了古蜀人生活的点滴；喧嚣繁华的街道旁的绿瓦红墙里，成都人从未忘记乱世之中羽扇纶巾的诸葛先生；触目皆翠竹，登楼望江，一代才女薛涛曾在此日日流连；小溪之畔，柴扉半掩，这里曾是杜子美的草堂。岁月不曾停留，却给这座城留下故事，给这座城的空气中留下了古朴的沉香。

　　成都，是一匹绵长的蜀锦。蜀锦上织出的，是一千多年前在青铜中绽放花儿的古蜀文明；是川东川西节度使爆发争端致使大唐王朝走向转折的交汇点；是一方都江堰润泽千年的成都平原；是南京沦陷后，主动要求殿后，战至最后一人，自尽而亡的无数英勇川军的故乡；是街头小巷中熙攘的人群和喧嚣的街市；是黝黑的夜空中满目的星辰。这匹绵延千年的蜀锦未曾断裂，未曾失落，它就这样将千年的流淌与今朝的繁华交织，将古朴与现代融合，它迈着前进的步履，身上还带着旧日的痕迹。

　　成都，是滚烫的火锅；是碧潭飘雪的盖碗茶；是街口名字背后的故事；是飘飞的秋天银杏叶；是望江楼下薛涛抚过的一枝翠竹；是杜甫草堂半掩的柴扉，是浣花溪水潺潺的细流；是歌、是诗、是红火、是岁月。

指导教师：李丽莉

扫 清 秋

◎高 2020 级 6 班　廖佳星

秋风残树影，落红染青砖。夜灯昏黄，城市悠悠转醒。晨扫却已开始了。

林荫大道旁的小径，一直可以通到曦园深处。路边翠色的灌木林，亦悄悄洒下金黄的秋，零零散散。微风唤醒羊蹄甲，懒懒地透过几不可见的星光，引得梢间鸟雀欢笑，草地虫鸣，红花燃尽整个秋天。

扫拢聚起秋天的脚印，汇成一捧，絮絮地讲述着过去的春夏，路旁的虫儿静静地听，而后高声地唱着，对匆匆的人影、掠过的飞鸟、斑驳的秋讲述一片叶的一生。可前行的人们，却不会给他们哪怕仅一瞥。

当下，人们跑着向前，丝毫不肯松懈，只是因为他人亦如此。钢筋水泥筑成的城市里，有多少人将自己的生活罩在灰色的油布下，闭眼不看路边的杂花野草。可谁说，那城市中不是到处是美景？

我们应撕开生活外层的布，去欣赏一朵花的盛开、一束阳光的倾泻、一湖秋水的静谧。生于红尘，每个人都免不了沾染上世俗的东西。被人潮裹挟前行，只会让我们离目标越来越远。勇于向世俗挑战，打破世俗的偏见，不为世俗所累，诗意地与万物相处，用心欣赏周围的一切。

用心看，昨日路边的花苞，今日已绽，是为你；用心看，每一束越过千万里温暖你的阳光，皆因你而来；用心看，一湖秋水的静与动，皆因你而存在。用心看见平凡的风景，比故事里的更为艳丽。

我们常叹息自己心为形役，逃不出城市这座灰色森林，却不曾注意，即使在那千篇一律的绿化带中，也有蟋蟀的歌声；灯红酒绿的夜里，也能看到天边的点点星光。心有繁花，哪里都是十里桃林，即使天地间繁花落尽，我心中，仍有一朵朵，花开的声音。

指导教师：李丽莉

读《与妻书》有感

◎高 2022 级 8 班　许　嘉

李娟说："沉重的历史在小人物上留下的痕迹，最让人动容。"

1911 年 10 月 10 日，辛亥革命爆发，革命军推翻了清王朝的统治，结束了中国延续两千多年的封建君主专制制度——随口背过，漫不经心。今日读到林觉民的《与妻书》，才倍感历史的沉重。每一个历史事件的背后，都有无数鲜活的生命曾活跃在我们脚下的这片土地上。连接我们和他们的，从来不是历史书上冷冰冰的文字，而是那一份亘古常新的深情。

黑白照片里的他们，有着和我们一样热切的期盼，他们深邃的眼里，有着和我们一样深沉的热泪。他们意气风发，也曾徘徊踌躇；他们英勇无畏，也曾有过恐惧和犹豫。可他们选择了成为英雄——"没有什么可以轻易把人打动，除了正义的号角"。我想不是时势造英雄，而是有了英雄，才有了滚滚向前的历史波涛。

1911 年 3 月 26 日，那又是一个怎样的夜晚？初春的寒风，一定吹冷了林觉民执笔的手，巾短情长，这风却一定吹不冷他火热的心。"窗外疏梅筛月影,依稀掩映。"那日牢狱中的他,是否也能听见清风吹过,还有那曾经的窃窃私语?

谁说英雄无情,只是那份爱意和理解,成为他义无反顾的另外一个理由。"即此爱汝一念,使吾勇于就死也。"临终绝笔,倾诉衷肠,林觉民先生在一条白布方巾上写下对妻子的深爱,又表达了不能白头偕老的遗憾和以身救国的决心。

我无数次地想象林先生写这封信时的场景,墨水与泪水俱下,决绝与悲切并行。窗外,也许是黎明将至,天快亮了,他也该与妻子道别了。

语文书上有他的照片,眼前这位风华正茂的少年气宇轩昂,眉眼深邃。他的嘴微微张着,像是有未曾说出口的话,看着他坚定的眼神,我想,我读懂了他不曾表达的话语。

指导教师:王　慧

我实是猛虎，又何妨？

——读中岛敦《山月记》有感

◎高 2020 级 13 班　李语菲

李征曾经是人。

年少有为、少年得意的他放弃了仕途专心作诗，不成；为糊口给曾经瞧不起的同僚们卑躬屈膝，终于无法忍受而发狂，化作老虎出逃，随从寻之，未果；直到与昔日密友偶然相遇，李征再也难以抑制抚今追昔的感慨，在月光下，向友人讲述了自己的所遇所悟所感。可胜地不常，盛筵难再，仲永之伤，岂是淡淡叙述可以言尽？

李征说，我不明白事情为什么会变成这样。李征说，这是宿命吗？不由分说被强行安排，又不得不逆来顺受。李征说，我的头脑一天天接近老虎。李征说，之前我一直奇怪自己为何会变成一只老虎，现在我在想为什么自己以前是个人。李征向没有光的月亮长啸。

李征所言，恰是我某时心境的写照。冥冥中丝线早已将我捆住，目之所及——我的手、我的嘴、我引以为傲的头颅——全被提引牵拽，而我呢？这个台上的木偶，设计的程序，只能无休无止地旋转着、旋转着，连回头看一眼操纵者为何人都做不到。人们唱"苦海泛起爱恨，在世间难逃避命运"，人们叹"造化弄人"，人们唏嘘于"上帝的玩笑"。人们在承受，人们在拉扯中做戏。戏众生百态，百般荒芜。

其实老虎与人并没有什么不同。李征眼中不堪其重的痛苦，在某些更为落魄者眼中，已经接近幸事。因为生命即是不平等。因为生命即是公平。因为不平等，李征生来就文采过人，而其他人就是黯淡的平庸之辈。可李征所不知的是作为老虎，烦闷的时候还能对天长啸发一通牢骚，相比山林里其他不曾享有盛誉的生命，已是极好的了。又因为公平，所以人与人的悲是相通的，人与人的不如意亦然。李征与自己文名远扬的志向中间隔了一条不可跨越的鸿沟，普通人与自己的理想不也隔着一道墙吗？所以我们都会颓丧。

颓丧，是因为我假设"我这样聪明，只要努力就一定会大有作为"，而随着自己挨了几槌，对这个假设的疑虑开始升起，与此同时，我又不敢用努力去验证；而自傲，是因为我仍紧握身上未泯的灵性不肯放下，不屑与俗人为伍。最终只落得碌碌一生的结局，我原以为自己会沦为笑柄——但我只是这世界的过客罢了。那些阳光下"赤子的骄傲"，泛光的理想，幼稚了些，亦可笑了些。曾经那副恃才傲物之态，早就在独自饮泣的晚霞下破碎、褪色，再也无处可寻。于是灼烧胸口的悔恨翻滚起来，于是往昔淡忘的荣光重又夺目了起来，于是在苍穹诡异的酒渣色下，是我酒渣般的痛苦在蜿蜒爬行。

羞耻心与膨胀的自尊，如同噬人猛虎。我们在假装什么？我们的自我在申辩着什么？既然台下空无一人，为什么我们要扮演体面的"文明人"？放下吧……我们深知神性、人性、兽性相伏相依，"我"该是三者中的哪一个？我左突右奔，我仓皇而逃，我陷入洼地。

不，我说，我是三者的集合体。任何切片式的概括都不足以描摹我的身影。原来的我、当下的我、未来的我，这都是我。只要内核和本质不变，忒修斯的船，自始至终，就是那艘船。我望向镜子，人影模糊不清。背叛之人、狷介之人、凉薄之人、另一个我。不，这就是我。我抱住镜子，与无数时空中的自己相拥。

李征还说："我生怕自己并非美玉，故而不敢加以刻苦琢磨；却又半信自己是块美玉，故不肯庸庸碌碌与瓦砾为伍。"面对此种困顿，我这样回答："好在我终于看到了自己的平庸，也明白即使自己并非美石，用心雕琢也能成为一颗独一无二的顽石——你说倘若是瓦砾呢？瓦砾也能以小小身躯为旅人遮风挡雨啊。"

我开始明白，我只需成为我自己。我不需要人们把我特别记住，也不需要自己的诗作被放在长安风流人士的案桌上，甚至不需要自己的哀叹被人听懂，不需要自己坦然笑对苍天。我就是老虎又何妨？我就是我。

指导教师：黄亚妮

不辱使命

◎高 2021 级 14 班　钟子悠

万人都要将火熄灭，只有一人独将此火高高举起。唐雎未曾辜负过任何期许。

公元前 225 年，秦灭韩、魏，拒绝秦国易地要求的安陵君派使臣唐雎，谒见秦王。唐雎在秦国都威严的大殿上，严词拒绝了秦王。

秦王震怒，拍案而起，"可曾听闻过天子发怒吗？"垂珠随着他的起身而晃动着，叮当作响；他双目圆瞪，等着一怒而诸侯惧的回答。但台前的唐雎面不改色地说着："否。"

"便让朕来告诉你：天子发怒，两国结怨；根源既种，事端必生；兵在马上，弓已搭箭；伏倒之尸多于百万，挥洒之血何止千里……"

"大王曾经听说过平民发怒吗？"

"不过是随处发泄。"

"那是无能者的怒气，不是士人的。专诸刺王僚，彗星袭月；聂政刺韩傀，白虹贯日；要离刺庆忌，仓鹰击于殿上！大王说，他们三者难道不是平民吗？可在他们真正展露性情之前，上苍都已经降下结果的预兆了，这就是天意！如今加上我，就共有四个顺天而行之人了。

"士人发怒，死去不过两人，血流不出五步，但四海之内人人都要披麻戴孝，普天之下无一不哀唱挽歌——今天也不过如此了。"

锵啷啷，利剑出鞘，带着尖厉的啸叫。唐雎一手握着剑，连走两步逼近秦王，宽大的袖袍几近划过秦王错愕的脸。寒光照铁衣，锃亮的剑面映着唐雎的坚定目光和秦王一脸的慌张。两人对视良久，弱国的使臣就这样诘问着一国之君；而恃才傲物的秦王的回答是"先生，是您让安陵国得以幸存""先生，请坐"。

这是《战国策》中所记录的一次以小搏大的成功例子：唐雎不辱使命。无可置疑，唐雎胜利地完成了他的出使任务。诚然，这次成功的出使并没有改变历史的走向，但能就此说，这是一次不必要甚至是多余的行动吗？

或许前路永夜，或许你从来没有想过燃烧自己，但没有人能责备永远前进的人，更不能责备化为了微弱星光的人。鲁迅先生在《呐喊》的自序里写道："现在你大嚷起来，惊起了较为清醒的几个人……你倒以为对得起他们么？"这可能又是一场悲壮的风萧萧兮易水寒的历史事件，但"然而几个人既然起来，你不能说绝没有毁坏这铁屋的希望"。

一个人参与历史，但他不可能随心所欲地参与和"空降"到他所向往的处境中，他是在面对过往既有的、可以触碰得到的、被迫接受的历史。一个人应该怎样书写他的在起点就已经被决定了的人生呢？一个历史人物该怎样面对他的背景已经被限制了的现状呢？拘泥于昨日必不能迎接次日的朝阳，只有面对无可奈何的悲剧而不逃避，用心和意志做出努力，才能有所改变。管他什么前路漫漫，进一寸自有一寸的欢喜。马克思说："历史把那些为了广大的目标而工作，因而使自己变得高尚的人看作是伟大的人。"伟大，无过于坚守理想，即使最终会走向困厄。

但反过来讲，无论怎么说，秦始皇，千古一帝，也不可能是文中那个外强中干之人。独当"六"面的人，欺软怕硬？运筹帷幄的人，色厉内荏？非也，尽信书不如无书。人们总是忘记了秦王的1000次胜利，但记住了他的一次绕柱走。

秦始皇也是在履行他的历史使命罢了。六国统一，中国第一个统一的多民族的中央集权国家，三公九卿、郡县制；书同文，车同轨，统一度量衡；北击匈奴，南征百越，筑长城，修筑灵渠。面对他接触到的现状，他就是做到了最好。为了秦国世代的理想而奋斗，最终成功。秦王不辱使命。

谁对谁错？谁高谁下？谁赢谁输？没有定论。

没有一个人辱没了他的历史使命。

指导教师：李雪娜

雨霖铃·梦绝玉英

◎高 2021 级 14 班　李俊汐

对酒当歌，强乐还无味

糜烂的汴京气息在酒晕里又突兀起来，分不清是醉醺还是热烘的躁动，岸边的灯映着露花倒影，美人聚集，音乐声喧天。而我却孤身一人，只有几壶酒相伴。游船漫无目的地漂泊，我心将归于何处？今宵又酒醒何处？都是没有答案的问题。

虽然你再也不会在我身侧抄写新词，虽然你早已投入新的生活，但我还是在想你。

幸有意中人，堪寻访

遇见你的时候，我还是奉旨填词的柳三变，那个放荡不羁的风流才子。野无遗贤的时代，何苦蹉跎年华去换浮名？于是那个初露锋芒的柳三变从此混迹青楼，偎红倚翠，他毅然决然放弃了所谓的梦想。

浅斟低唱的年岁里，我柳七的名号传遍了京城，"酒力渐浓春思荡,鸳鸯绣被翻红浪",少年不识愁滋味,也不知真情的威力,时光和命运在无声中交织发展,青楼的情思酿出了酒香。

"知几度、密约秦楼尽醉。仍携手,眷恋香衾绣被"。

若时光荏苒,此生如此,倒也算安稳,可是造化弄人。当年夸下"对天颜咫尺,定然魁甲登高第"的海口,却落得"偶失龙头望"的结局;如今天命之年中进士,只能感叹"夕阳无限好,只是近黄昏"。

我以为我可以焕然一新,不再是那个柳三变,可以蜕变成柳永,去追求我曾放弃的梦想。

衣带渐宽终不悔,为伊消得人憔悴

但是没有那么多以为,命由天定,我遇见了你,在江州那天,命运的齿轮开始转动。

你是江州名妓,谢玉英,你似夜里的蝴蝶,散发着不可抵御的魅力。

我是多情骚人,柳三变,在那个价格不菲的夜晚,你在红绸中起舞,我跟着你的情韵起承转合。你是我从未写过的好词,你是那些莺莺燕燕不可比拟的存在。

我方才了却了半生科考的夙愿,却又入了另半生的劫。

我不知道那是什么感觉,似醉非醉的冲动,无生无死的心悸,好像一刻不见就会如细雪飞走,一刻不压抑就会似烈火焚身。这是那些年在汴京从未有过的情愫。

明明已经爱过了千万遍，此刻却恍若隔世。

点亮灯笼，火光摇曳，夜里的蝴蝶已翩翩而至，这才是爱的滋味，此刻就让我为你倾心沉沦吧。香靥融春雪，翠鬓军秋烟，楚腰纤细，如削肌肤。

我知道我的告白可笑至极，世人皆知柳七多情，与专一相去甚远，我的一切都不再纯洁。可纵他人笑，我却在心里为你建起一座楼阁，那楼阁居于云雾之上，你为我唱着唱不完的歌，如今我们已然两拳相握，这份爱情的甜蜜早已溢于笔畔，千言万语也描摹不出你的颜色。

只是，我是柳永，你是谢玉英。

多情自古伤离别，更那堪，冷落清秋节

这样的故事有一百种美好的结尾：譬如"人面不知何处去，桃花依旧笑春风"，又譬如"春风十里扬州路，卷上珠帘总不如"。

可我偏偏是柳永，你又偏偏是谢玉英，便只能是"执手相看泪眼，竟无语凝噎"。

我的爱早已散落在不知名的各地，我早已失去了爱的资格。或许我只是见异思迁，或许我给不了你一切。

"一场寂寞凭谁诉，算前言，总轻负。早知恁地难拚，悔不当时留住。其奈风流端正外，更别有，系人心处。一日不思量，也攒眉千度。"

如若有一个人出现过，那么那个人一定是你，你轻丝缝纫

的衣袖，我抓住就不曾松手。

天幕镶嵌的月亮仍然明亮，在温婉的月影里，我看到那个嬉笑的柳三变坐在那个女子的枕边，斑驳的光影透过轻窗，迷离地洒在她眉眼间。我只是从你的全世界路过，匆匆与你对视一秒。

孤身打马旧桥边过，恰逢山雨来时雾蒙蒙，今生至此，像个笑话一样，自己都嘲讽。

年少风雅，鲜衣怒马，也不过一刹那。今日重忆那一段过往，将希冀都流放。又添些幻想的荒唐，才记起你的模样。

而你，永远是那一夜的蝴蝶，不只是我一人的候鸟。你的翩翩一夜比我一句爱的誓言珍贵，我不能也不愿做你的拘束。

一个沉溺红绿的男人，注定没有深刻的爱情。或许我生来就注定属于妓馆歌坊，注定要弃置真心。

那么，就当作是错在相逢吧，这是我曾经风流终日的代价，我无力辩驳。我才学会为一个人流泪，却流完了一辈子的泪。

我终于踏上迟来的仕途，这一次截然不同的选择却同样是被逼无奈。

再也不见。

"系我一生心，负你千行泪。"

为伊消得人憔悴。

杨柳岸，晓风残月

"这么说来，你认为一种毫无希望的爱情，也能长久地保存在心中啦？"

"而生活之风每天从上面吹过，却不会吹熄它吗？"

船行处划开的灰色的潮水，突然涌上来，淹没了每件物品，而那些带着香味的物品在幽暗中，仿佛又变活了，在低声讲述各自的往事。

船上的男子早已熟睡，一切又变得宁静。

指导教师：李雪娜

生命的花，随时绽放

◎高2019级4班　戴予言

又是一个春天。

当近午的太阳一点点升高，当太平洋的暖湿气流和冷空气碰出绵绵的春雨，当窗外一簇一簇花开，我们感到，春天来了。

而站在生命的这个关口的我，很难不对这个春天有些别样的感受：若把自己的生命过分自矜地比作花的话，那么，众人所期待的花期，恐怕是快到了吧？

尽管向来追求标新立异，此刻却不禁觉得，在万花盛开的春天随大溜开放，也挺好的。

大部分花朵在春天开放，自是因为春天有最适宜的阳光、温度、湿度，有最具活力的昆虫授粉。人的生命亦是如此：青年时期之所以被视为人生的花期，正是因为青春年少者有最富进取之活力、创造之精神，更是因为在这时与你同属一个时代的人们都在书写他们的人生华章，参与其中，也意味着和他们相互激荡、相互促进、彼此成就。趁青春年华，去追求自己的梦想，实现自己的人生，无疑是最易成功的。

开在万紫千红的春天，也并不像常人所想象的那样容易被他者的绚烂掩盖。在史学家所称的"轴心时代"，东西方无数思想家同时涌现，汇成人类史上璀璨的、光彩夺目的银河，但孔子、老子、苏格拉底、柏拉图，每一位巨星却仍光彩夺目，他们的光芒不因身处银河而有丝毫减损。

但有时，人们确实会更欣赏那些"晚开"的花朵。

秋菊冬梅，恰是因为它们并未选择最适宜开花的春季，我们才更为它们开放的不易而感动，它们也更让我们领悟到生命的韧性与能量。想起冬奥会上终于圆梦的四朝元老徐梦桃，想起备战二十四载，在第一批航天员中最后飞天的邓清明——他们有意无意地错过了最适合成功的年龄，却在没有人能预料可以开花的时节绽放。他们或许是萧瑟季节里唯一挺立的花朵，或许与他们同台的都已是晚辈，但他们从未放弃自己的生命。他们知道：自己是花，无论早晚，总会绽放。

但最让我耿耿于怀的，还是那些未曾绽放的生命。我时常会想起在朝鲜战场上死去的那些鲜活的人们，他们似乎还未到开放的时候，就被从枝头摘去。我也想到那些终其一生求索，但最后仍未成功的求索者。是否多数人的生命注定归于泥土，注定庸庸碌碌？是否花开，永远只属于少数人？

不是的。牺牲的先辈的生命融在了被他们保护的所有人中，失败的探索者的衣钵总会代代传承——他们的生命最终在别人的生命中绽放。这就像那首词中所说："待到山花烂漫时，她在丛中笑。"

所以，站在生命这个关口的我啊，去生长吧，如果，你真的相信自己的生命是花。不必太在乎她究竟何时开放，是否如你的规划，如他人的期待，甚至不必太在乎她究竟有没有"开放"。因为，你的生命之花，随时绽放。

指导教师：王　慧

流光·文字

◎高 2021 级 13 班　刘沛霖

　　一个人从生下来的懵懂无知，到拥有这明明白白的悲欢离合，无疑须经历岁月的雕琢，宛如一块青玉，慢慢地打磨抛光，刻上道道纹路，再用人温热的指腹细细盘玩蕴养，方得璞璞华彩。在我们成长途中，似水的年华流淌不息，美好的记忆却无处寄放，于是有名为"时间"的匠人大手一挥，赐予我们一道流光，我想，这便是文字。

　　文字，这是多么曼妙的一个概念。落笔于纸上，墨汁凝成字符，一个一个整齐排列着，将这世间万事都记录其中，这无疑是文明的明证。文字是白纸黑字的、分明的痕迹，是仔仔细细的一笔一画，与语言——这另一种思想保存形式相比，文字有着无可比拟的庄重感。

　　所以我以为，每一个人都应该有一场关于文学的梦境，梦里有繁华似酒，敬这旷世温柔。如此，方可称为真正领受了那道溢彩的流光。

　　文学，是这般的华丽而梦幻，却离我们实在有些遥远。很多时候我抚摩着摊放的书页，感受纸面的粗糙或细腻、厚实或轻薄，也会不禁有些恍惚。如果说每一本书里都藏着一个世界，那么，万千世界就这么收置于我的书架。我自当陶醉于文字的韵味之中，翻开书页的刹那间便会有世界倒转，我好像沉入了故事的海底，却又像浮出了旧事的水面，兜兜转转，多少人一辈子也无法拥有的经历，便从此成为我生命的一部分。

除此之外，每当我心中似有所感时，蓦然回首，发现记忆里已然有着文字的痕迹，那些故事、那些字句曾在我生命的某个角落播下，如今已是亭亭如盖，也许过去不懂的道理，现在却被联系在一起，那种发自内心的惊喜，和那瞬间的默契笑意，我想，是每一个活得透彻的人都应该经历的。

"读万卷书，行万里路"，这句话深刻地道出了文字与人生之间的关系。人生苦短，我们都是凡人，再怎么精彩，又如何能做到阅尽千帆，望断天涯呢？以我看来，读书破万卷，自然便是那增广见闻、增长见识的绝好途径了。

然而这些思考，似乎也有些浮于空中了。我，一个活生生的人，在提笔写下这一切时，纵使心中山海激荡，也需要按照一个普通人既定的轨迹来走。也许课本上的字句会被人诟病为过度解读，但无论我何时检看那些印在纸上的文章，都可以理解到它们作为文字的伟大。我们需要学会严谨的分析，但这并不妨碍我们对美的品鉴。所以，只要是文字之花盛放之处，便有光风霁月、春华秋实，赏景或鉴史，不过是个人的意志。

这世界灿烂盛大，所有的一切又都可细细品读，我不由得想，什么时候能拥有一个属于我自己的故事、一个我创造的世界呢？所以啊，要有梦，要有一颗永远热爱这万千文字的心，也许春日来临之际，那自幼播下的文学之种，能在似水年华之际，绽放出流光华彩呢？

指导教师：林玉蝶

浮世间　修一方简约

◎高 2021 级 13 班　赵文陶

"简洁是智慧的灵魂，冗长是肤浅的藻饰。"莎翁此言可谓切中肯綮。当下，简约的理念逐渐渗透进社会生活的各个方面，越来越多的个人与群体不再踯躅于繁复的无边森林之中，而是乘一缕简约的清风追求一份朴素与高级、优雅与纯粹。

若要回溯简约理念之滥觞，应到文学艺术中寻找答案。唐宋诗人热衷反复琢磨炼字，力图简洁准确、言简意赅，给人留下无穷意蕴。而那些仅追求浮奢辞藻堆砌的诗篇，往往终沦为平庸之作。放眼四海，海明威以明快的电报式文风行文，营造出具有神秘感的"冰山美学"；契诃夫主张"写作的艺术就是提炼的艺术"，其速写式的简洁笔触广受赞誉……凡此种种表明，简洁含蓄又深邃隽永的文学作品，自然能在历史潮汐的冲刷淘洗中永葆闪烁。

在人生长河中远航，无不需要我们穿过繁复的障眼迷雾，循简约前行，臻于朴素和纯粹。苏东坡认为务学应"博观而约取，厚积而薄发"。读书虽丰，积累虽繁，却只有将知识总结内化于心，化繁为简，取精去粕，简约审慎，方为求学之要旨。求学如此，人生亦如此。语云："大道至简。"智慧往往在简约中充盈。繁复冗长固然有其价值，但何尝不能与那些成规与负担"断舍离"？选择简约，选择一份活透大千世界、笑面人生沉浮的灵动与优雅。

一个社会文明的发展前进，更与人们对简约的追求密不可分。20世纪50年代，我国成功推行了简化字改革，使得字形便于书写与理解。然之前简化汉字的尝试却颇受质疑，反对者认为汉字系中华文化之根，源远流长，现行繁体字不宜为"扫盲"更改。殊不知这一举措其实极大提高了书写效率，缩小了社会文化水平的差距，促进了教育的大众普及和文化的赓续繁荣，使"繁复"之拥趸难以自圆其说。揆诸当下，在全面深化改革的进程中，推动各级行政机关简政放权，扫清权力路障，用自我革命营造更优的营商环境以推动高质量发展的举措，更折射出简约理念之优势。毫无疑问，去"繁复"求"简约"已经成为现代社会一股不可忽视的趋势。

德国建筑大师凡德罗的一句"少即是多"为世人所熟知。简约并非简单，也非一味做减法，而是追求一种"足够又不多余"的微妙平衡。世人应剥开纷繁复杂的外衣，享受优雅纯朴的简约美学。毕竟，也许繁复可以炫目耀眼，但唯有简约总是能够直抵人心。

指导教师：林玉蝶

凝　眸

◎高 2021 级 15 班　唐雪松

我想记录还是问候着什么，就像看到或是听到些什么。

当眼眸相对时，是我看着你还是你在看着我——生命。

我的眼凝望着万物，就像欣赏自然精雕细琢的塑像，问候着这个群像，可我却总是先看到那条小径上栽种的不知名的树，这些事物无可避免地落入眼眸。零星的散下的晨曦，近乎透明的叶肉。叶脉纤长地伸出纹路，光泽下汩汩流动的汁液，从叶梢到茎干。由生命之初的青葱到生命之中的棕褐。眼中的景不仅是简单的构图，更是流动，是我此生最想记录的我与生命相连的凭证。

如果用轻纱蒙上双眼，我能用什么再与这世界的生命相连？蒙上轻纱，风拂过而带起，白纱撩过鬓边发，柔柔地浮在耳边，轻和的，像是风的触觉。如果我愿意，移步缓行，虽然只是明明暗暗的变换，但有灰色调的质感。我能感受到，鞋的胶底踩过沥青路的砂石，无声的摩擦感，有声的清脆的音调。我想我一定愿意坐下，一定选择有水的岸边，白纱染上水汽，松弛的周身，深深浅浅浮动着湿意。当素浪亲吻晨阳，伸手，水搁浅在手心，凉意，刺激着末梢神经。我在问候水啊，我也能听见，河面上的吟唱，看见水面下浮动的鱼群，收回手，指尖从凉意中回暖，水溯回，只有手中那微微的水迹——我与水相连的痕迹。当我无法直视世界，我依然可以感受到水的脉络，散布在整个生命的伊甸园，这是自然的恩典。

我想用力地拥抱整个自然，可是我只能拥抱住自己。我该怎样留住我眼中的景象，耳边的吟唱？

发明相机的人一定是一个热爱生活的斗士。我们尽力保存我们与自然生命相连的证据，按下快门，凝固时间，凝固了流动的生命，叶子停止了摇曳，水停止了流动，保持着原有的色泽，甚至那一瞬细枝末节的姿态。可这是自然生命吗？那是静止的图像罢了。我们为了镌刻下痕迹，我们尝试着保留住生命本尊。那是一朵不被花期限制的永生玫瑰。它有着缤纷的光彩，炫目的色泽。它的花瓣是时间冻结的美，舒展着，像是在尽力散发那香氛，花期未央，永驻的，是那残破裙摆上撑起的遗存的浮华。永生花的美没有生命的鲜活，更像夕阳残照下的巴洛克建筑，有着像陈旧古龙香水混着灰尘的香气，古老绸缎的光泽，泛黄信纸上火漆的色泽，但只稍稍一触碰，便是幻灭与消失。

我们到底该怎样记录下这自然生命？

就是那条小径，我常走的那条。道旁那些不知名的花树、草木，我曾无数次路过它们的世界，我走过，带起一阵道旁的微风。在生命最盛大的季节，我见证了它们毫无保留的生命的底色，仲夏夜茫，七月未央，花树成林。我可以想象到，自然，在那时一定很美。清亮绚烂的少年手执画笔，轻轻地拂过大地，带起风，更带起张扬的生命。我曾想，生命随着岁月的古藤与我同步生长，古藤绕着的丝丝缕缕，是交织的生命。于是，我每天都在留心小径上朝暮的变化和年岁的轮回，每当意慵神倦之时，我都会走向这条小路，问候它们。那些与我相连的生命们，不知过了多久，也许也未过多久，每当我纠结于如何保留我眼前的一幕幕，我都会轻抚、细嗅。无论春秋冬夏，它们都在流动着。每一次走过都像放了些什么又捡起了一些。当我走过无数次时，我渐渐放弃了保留那片刻生命的感受，因为生命变迁的每一刻，都与我有关，作为见证者也是参与者，自然生命所走过的正是我所走过的，草木化灰，树枯花谢，我的生命终有一日也会行至末梢，黄土一撮，融进自然，我也依然和所有的生命相逢。纵然没有永生花，我也与万物化为一物；即使没有相机，我也能透过树轮、叶脉，看到一路走过的岁月里任何一瞬的图景。

与其记录刹那，不如问候感受自然。

就像这样：早安，午安，晚安。

指导教师：杨　燕

悄然·花降

◎高2020级5班 罗一凡

序

难以觅得江天相连的一场梦。星河的消散,已经无法掩盖尘云染上的烟火了。

风摇摆着那朵花,像玩弄着一个小小的玩具。

世界,本就出自一个小小的漫画家之手,所有人只看得见主角,却总是看不见藏在画布外的自己。

流连长巷,云海落伤

天气日渐转凉,少了些烟火气息,但络绎不绝的车流却又让傍晚时分的人间多了一份热闹。

周围的一切升高了些许。或许还要再高些……再高些……

不知道什么时候注意到了那朵花,在一片绿丛里藏着。

不善于掩藏自己的颜色,却擅长将自己沉溺在人群里,躲开自己应得的养料。

不断试图收敛翅膀,却总是将羽翼折伤。

时间静静地慢下来，像是随上升的城市一样，逐渐慢下来。就像是第一次似的，风如此令人清醒，像是被时间的水浸洗过一样，有些湿润，却也有些柔和。

明明有着暖阳，秋日仍然是有些凉，行人们都低着头，匆匆忙忙地在时间的河里挣扎着。

轻轻呼出一口气，眼镜上起了一层淡淡的薄雾。感觉到自己的呼吸在空气中氤氲了一瞬间，随即消失在这世间。

再看这世界一眼，指尖流连在银亮的扶梯上，冰凉的触感如同我的存在一样清晰可辨。

没错，我在。

初觅星光，烨烨曦芳

世界是彩色的，人类却像是被世界掷在地上的黑白色的沉淀。

习惯了独来独往的人，对别人说出的每一句话都会显得拘谨。就算想和别人有些交流，却还是不习惯有人在身边的感觉。

见过了无数次的日出和日落。每一次都是普通的，却又是特别的。但终究有一次日暮，告诉我人生是一个不可逆反应。

遗忘，是人生的化学反应的条件。忘掉不需要的记忆，留下最需要铭记的记忆用作反应物，进行下一步的反应。

如果这样想，人生应该会少许多苦楚吧？

但可惜，我们总忘不掉那些令人心碎的过往，就连记下的欢笑，也会染上一层属于时间的淡蓝，叠在灰黑色的心上，又加重了痛苦的重量。

所以，有时，我们不该去遇见一个人。

记住的或许应该是一个平凡的物件，或者一个单纯的时刻。但每次经历，必定是又一次的折磨。

心疼的感觉没有人知道，却又所有人都知道。

每次的重逢，都是对相遇的一次复习，每次的相聚，都会在回忆里添上一笔。

最后发现，离别时的聊天，成了掩盖不舍的小伎俩。

害怕明天会更糟，却又期待明天会更好。

破碎的心，得以在夜晚被悄悄抚平，重归宁静，迎接新的黎明。

收拾行囊，种下远方

花仍在思考着，任风吹着。

不断的告别与再会，成了习惯，就再难忘却。害怕下一次，就打破这习惯。明明已经结束，世界却强迫着前行，站在新的起点，再次隐去看不见的终点。

被像绳索一般的时间引着，沉在命运的海底，旋转着，挣扎着。睁眼，梦醒，人却还没走。

似水流年，曾对着同一片星空许下心愿，却又在同一片星空下再次遇见。或许是由于少了多年的相处，重逢便也显得浅显。

年少的误差像是天意，现在的天意却又像是误差。面对一切，难以决定。落败，或是千分之一概率的凯旋，太过于随机，太过于随便。才突然理解，永远有人年少，却没有人永远年少。

时光的伎俩，便只有欺骗。没有任何别的手法。但就是这欺骗，破碎了无数人的梦。

当你觉得无限靠近远方之时，时光会以机会的名义阻止你，会阻止你触碰结果。然后留下几天，甚至几年，让你自己去哀叹自己的落败。

以为忘记了，时光会让你去尝试离别。

相信了这鬼话，心静静地被蚕食，被腐蚀，仅留下那最想忘记的一块。

不亚于剜骨，更不逊于钻心。像是一团烈火，燃烧在心中，以心的碎片助燃，将梦炸裂。

直到失去自己，失去心中最后的希望。

但是时光，却又是一个消防员，在心的烈火即将燃尽记忆时，浇下一盆冷水，浇灭烧穿心房的火。

离群遥望，不见船舫

少见的，这个城市落了雪。不像是在天地之间，更像是在心间。

庆幸着，得以感受到雪的冰冷，更庆幸于那因离别而破碎的心已然被悄悄缝上。却又颤抖着，感受着手中消逝着的温度。缝合的伤口下终究不再是原本的心。

天空，不仅仅是天空而已。我一直相信这一点。它是海，是我们的心海。雪，它是一些人的糖，却又是一些人伤口上的盐。幸好，疼痛仍在心里，也幸好，能感受到心中的疼。

世界是彩色的，但黑白的我们总会让自己变得明亮些、灿烂些。不同层次的白，不同层次的黑，不同层次的灰，构建了世界的底色。

铺展开漫画家的画布，我看到了我，一个小小的灰点。心中的疼痛，刻骨却又明朗。感受到手上的雪，刺骨地冷。

轻轻呼出一口气，眼镜上起了一层淡淡的薄雾。感觉到自己的呼吸在空气中氤氲了一瞬间，消失在这世间。花落了，藏在了雪里。

可能，我还是要比这朵花好些吧。

至少，我在。

指导教师：孟祥君

气味杂谈

◎高 2020 级 6 班　张亦菲

许久前有室友提起苹果和香蕉的香味会帮助她在重重压力下镇静，咔嚓咔嚓吃掉之后心情会有极大的舒缓。内心疑惑这不是乙烯的味道吗？再一想，又实在不清楚乙烯是什么味道。综合种种因素和浅薄思考，姑且认为这味道是柠檬烯之类芳香有机物和植物激素混合产生的味道。不妨想当然些，不过是植物烯之类，本质上是有机化学的相融与配比。但其效用都惊人地奇妙。

香菜特立独行，火锅里烫着吃最好。蓄着热滚滚的汤汁，后劲儿的甜是灵魂。黄瓜也不流于俗，水汪汪、嘎嘣脆，配上醋、芝麻粒和油辣子，满碗清爽泼辣气儿。西瓜乃无冕之王，淡淡的清香和入口浓郁沙脆的甜简直不相称。掰开就是整个夏天。

秋末入冬阴阴的冷，路过的高一学妹，才换了外套。不知道是什么牌子的洗衣液，让人想起雨后晾衣绳上湿漉漉的温甜，回忆起八九十年代姑娘们的香手帕。冬天走下楼，早晨的风干冷且硬，尘霾的气味让人恍惚像回到农村老家，轰隆隆的拖拉机和哗啦啦的炒瓜子、花生的声音充满生活气息。炎炎热浪里总低两个摄氏度的地下停车场的空气里满是尘灰的味道，空旷的四处漫游着废旧寂静，是难得的童年悠悠闲走之地。

当然气味也有一定的实用性，有时会使人陷入尴尬处境。比方说遇见同学交谈两句，便可判断出他今天中午八成是吃了食堂的杂酱干料，葱、蒜和味精多料齐下，其味也回味无穷，虽一时意满饭饱，不多久到处就会晃晃悠悠布满"蒜人行"。除开这个，还可闻香辨人。走在路上被熟悉的暗香包围，和记忆里某个室友打开衣橱流淌的味道重合。转头一看，果然不差。每一个人青睐的洗衣液大都不同，又辅以现在流行的留香珠之类产品。有了以香识人的基础，受小时候电视剧蒙骗，一直以为人有本源体香。越长大越读书，化学、生物告诉我人类不可以自己产生气味浓烈的芳香化合物（臭味除外，其实更多是微生物群失调罢工）。至于《十三香》中来自少女的香水，一是艺术手法的加工，二是为了突出主题，想必不可尽信。

个人最喜欢的味道是花露水和梅。花露水得是某款六神，其余不要。梅是蜡梅，闻不出其他。花露水的气味适宜在冬天闻，揭盖一嗅，体悟渐渐散去又仿佛萦绕鼻端的怅然。转眼又似一脑门栽进夏天，如隔雾看花般茫茫不真。在这回味湮没之际，再猛嗅一气。而蜡梅，鄙人必须盛赞其为自然极为精巧之作。它的味道最舒服，让人悠悠漂浮，直至一头溺死在这温柔乡里。其味浓而不烈，像个飘在天边的美人,伸手一探,只是虚影。刹那又醒。却疑心自己大抵还醉。大概这才是造物奇妙,留下温润的蜡梅和干巴巴的冬风,陪伴我等春。

指导教师:李丽莉

归　根

◎高 2020 级 7 班　郑展鸿

所谓生者，叶落之时，方得永恒。生者，叶也；永生者，归根之叶也。

生于世，成于世，免不了风霜雨雪，最是世俗。对之伤神，避之受弹，劳形伤神。

转念想，此不正若松风亭？不若革上小卒？进死敌，退死法，何不就地而冥，笑答："此间安有什么歇不得处。"对伤神，则知而不入；退受咒，则神去而身在。古今隐士何其多，然有何人，上可直谏龙颜，下可安处泥潭？自若从容者多哉？恐千古难一人也。

好名，人常情也，而不属仙人。天仙纵游八方，执酒豪饮，醉于挑花，口唱殊调。吾弃之，是者，懦而面世也。地仙，乃敬者也，能容权贵，可安贫寒。闲暇则小酌，尽情而不强乐，尽意而无忧苦。虽三杯而醉，亦可挥笔泼墨：书醉文，绘醉图，对醉词。

循本，叶不可免遭一难，或伤，或亡。而益难者，以为乐。留恋过往，如残叶枝头，一有风过，筋断骨碎，难活今朝。而若有一蓑烟雨之志趣，休唱黄鸡之立命，知人固一失，一去，方能飘落，舍后来者，谙尽归根何物。

记得，烟雨平生。是乃避中进、失中得者。管何人何事，吾属一树，则终不忘。遇雨当洗，以之为清。洗清之间，才去尘土，而不惧染尘。

哭罢笑罢，归不变。舍苦从乐而能品苦之滋味，安得容失而不一度坠落，难矣！任重道远。上德之意，切记于心，行于神。

终了一生，回首萧瑟，归去阑珊，无雨无晴，归根也。

指导教师：刘　源

绵 州 味

◎高 2019 级 10 班　杨逸飞

热闹的绵州街头上，一家破落衰败的小店毫不起眼，招牌的光泽已被沧桑抹去。谁知，此店的食客熙熙攘攘，定睛一看，蜀汉四相之一的蒋公琰也在其中！"新鲜出炉的绵阳米粉喽！"商贩的吆喝声，荡漾在历史长河之中。早在三国时期，绵阳人已和绵阳米粉结下了不解之缘。

即使一年到头天天吃绵阳米粉，绵阳人也不会觉得厌烦。对他们来说，一天的最美妙的开始，便是找一家小店，点一碗"二两清红汤"，伴着肥肠、牛肉与海带、豌豆滑入肚中，感受清汤与红汤的激烈碰撞。吸溜一口，米粉轻轻刷过味蕾，留下的清香整天都弥漫在心间。就算是冬天，人们也觉得是春暖花开，万里无云。

绵阳人对绵阳米粉的热爱筋道得如同米粉本身，不管是在家还是出门，非此粉不吃。如果请绵阳人吃过桥米线或桂林米粉，他定会觉得它们和绵阳米粉不在同一个档次，抱怨过桥米线油太多，太烫，不便下口，嫌弃桂林米粉太粗，没有绵阳米粉那种纤细的口感。如果此时有一碗绵阳米粉，他便会觉得天也蓝，水也绿，鲜花也似锦。

绵阳米粉以大米磨浆。水肥稻丰、牧笛声声的田野，古朴沧桑、嘎吱作响的磨石，书写着这一美味。大米先晒上三两天，然后伴着阳光注入磨石，在磨轮缓慢的滚动中，酝酿出雪白无瑕的玉液。米浆一滴一滴地滴下，浸润着你的心田，挑逗着你的舌尖。璀璨夺目的米浆阳光下白玉一般闪耀着，好不奢华！

米浆被制成丝后，米粉便已经成形。入睡之前，倒半桶水，将米粉全部浸没于水之中。银白色的月光悄悄透过窗户，静静地卧在米粉上，轻轻刷净米粉的污点，慢慢扩散于米粉的骨髓之中。干瘪僵硬的粉条，在月色的滋润下，便变得水灵而筋道，伸展开了筋骨，温顺而柔韧。米粉的香气，弥漫于绵州城中，渲染着每一片轻柔的梦……

清晨姗姗来迟，经过一夜脱胎换骨的米粉，早已按捺不住心中澎湃的兴奋。它们争先恐后地跳入竹箕之中，唰啦一下子和开水撞了个满怀。沸腾的气泡喧闹着，喊叫着：筋道！筋道！筋道！那竹箕就像热情的观众，哗笑起来，任米粉上蹿下跳。绵阳米粉细长轻盈，五到十秒，便可出锅。

丰富多彩的配菜，当然不可或缺。豌豆、竹笋、海带、牛肉、肥肠、鸡肉、葱花、香菜、酸菜，一个个都迫不及待地加入这场弦乐四重奏中。这种组合中虽然找不到交响乐般庞大的气势，看不到歌剧中宏大的场面，但能营造出人与人间亲切交谈般的朴素氛围，感受到最深刻、最细致的味觉体验。这也是为什么在高档酒楼里吃不到绵阳米粉，只能在街头小巷中细品其精华。

　　浇灌上红油清汤，配上一碗新磨好的豆浆，一碗香气扑鼻的绵阳米粉便大功告成。漫步于清晨的绵阳街头，迎面而来的不会是汽车尾气，也不是栀子花香，而是那股熟悉的米粉气味。一碗碗清香，叙述着绵州城中大大小小的故事，联系着千千万万绵州人的心灵。

指导教师：冯　荷

戏　　台

◎高 2018 级 1 班　张祥洲

转过一座牌坊，又穿过一道拱门，眼前豁然开朗。那是一种惊诧！仿佛一下子跌进了一幅最工整细致的工笔画里。

这是一个古老的庭院。正中的戏台，主体由木头构筑，早已褪去了鲜亮的光泽，暗红色的漆也因岁月吹拂而剥落下一大片。戏台上方是镂空式的仿古雕饰，曾经的繁华与辉煌游走在镂空的飞檐之上。背景是一个圆形木雕图案，但已经被灰尘覆盖，露出古朴而沧桑之感，在日光与时光中无言。

一抹秋阳，斜挂在围墙上，道道金光照得人心热，四周的一切都漾着秋色；挺拔的银杏在日光的照耀下泛着金光，地上的落叶均匀整齐地铺满院落；赤红的柿子，似一个个火红的灯笼，又像一个个盛开的笑颜；菊花多姿多彩，微斜着头，簇成团，静沐在秋阳中；一方古井，静卧在一角，井台覆盖着青苔与时间的痕迹。整个院落成了五彩的天堂。

这是一个繁华都市中的"世外桃源"，是在尘世中因不停奔波而疲惫的心灵的栖息地。

我在进入院落的那一瞬，心情突然变得很平静。我用了很大的努力，才从这幅静默的画中走出来，闹市带来的烦闷与浮躁一扫而尽。戏台，多么庄重而繁华的地方，现在却变得荒凉。戏台，欢乐了多少王公贵族的奢华生活，点缀了多少布衣百姓的平凡生活，撑起了多少代少年的青春梦想，承载了多少戏子的辛酸苦辣。而现在，看不到飘逸的丝带，听不到铿锵的锣鼓，更闻不到台下常有的瓜果飘香，留下的只是一方人去楼空的戏台和无边的静默，就连风都停驻在围墙那边。

时代犹如一列火车，轰鸣着滚滚向前。那些跟不上时代发展的事物，是否终将被取代？那些没了戏子的戏台，台后虚掩的房门，荒凉的院落，都似在诉说着一种远去的生活。

一方戏台，丰碑一样默默站在时光的角落里，斜靠在台上的那半只锣，定在回忆那些锣鼓声震天的日子，古老的水井承载了岁月变迁的百般滋味。柿子树上本代表喜庆与繁华的累累果实，在这里忽然受到冷落；几簇菊花抱在一起，哀伤而无助……曾几何时，它们还在欢声笑语中扬起笑颜，叶落后的银杏树，孤独而凄美。这古井、柿树、银杏、黄花成了这方戏台最后的主人。

我停下探访的脚步，对着一片宁静和绚丽沉默。

传统戏曲走过了它的辉煌与鼎盛，戏台上轻歌曼舞所寄寓的优雅与从容，戏台下所展露的抒情与愉悦，生生不息了许多个朝代。但是，戏太慢，情太长，戏台也渐渐变得遥远。在这个凡事都追求快的时代，戏曲缓慢的形式，显然不被接受，人们更愿意去欣赏那些快镜头。因此，戏台也就渐渐地老去，成为时代背后的一尊雕塑。

夕阳西下，那些树、那些花、那个落寞的戏台都开始变得黯淡起来。我最后一次回望戏台的时候，它正被金色笼罩，仿佛坐在一片灯影里，它在守望着曾经的辉煌吗？

指导教师：林玉蝶

一帘风月闲

◎高 2022 级 5 班　杨梦杉

也许你曾爱过一个人，一个与你根本不在同一时间的人。

——题记

凉风起天末，卷起窗前重帘，更勾起了我的相思，跨越千年，刮入了汴京城中。欲追寻那人活过的痕迹，只不知，君子意如何？

"梦里不知身是客，一晌贪欢。"从一场大梦中醒来，一时，他竟有些迷茫了。在梦中，他仍是南唐的帝王，坐拥千里江山，与他的小周后相嬉于凤阁龙楼间。梦里的时日如此美好，没有日益吃紧的战事，更没有逼至城下的北宋军队，唯一使他烦闷的，只有东墙边将凋的梅花——那花已过了最为繁盛的时节了。

梦境和现实的界限是如此模糊，却又如此清晰。何止是花，人在风雨飘摇中，也要行至末路了罢："流水落花春去也，天上人间。"他年的帝王，如今沦为别人的阶下囚，年纪尚轻的赵匡胤带领着同样年少的北宋，在震天的喊杀声与照彻寒夜的火光中席卷了琉璃翠瓦的江南，也压垮了那人直挺的脊背。南唐最后的繁华，葬送在了他的手中。

可偏生这么一个懦弱无能的帝王，却又是位才情非凡的词人。"胭脂泪，相留醉，几时重，自是人生长恨水长东。""一任珠帘闲不卷，终日谁来？""高楼谁与上？长记秋晴望"……我不知是否该怪他，怪他言语巧偷鹦鹉舌，文章分得凤凰毛，只随意一出手，便写绝了无家之人的忧愁，倒是不给别的词人留一点儿后路了。不必细细雕琢，只是一个"真"字，便胜过多少"为赋新词强说愁"的句子。

试问中华上下五千年，有哪一个亡国之君能如李煜一般，因为诗词被后人铭记挂念，他的诗文中，萧瑟秋风刮了千年，从未断绝。

记得王国维先生曾品评过他，"主观之诗人，不必多阅世，阅世愈浅，则性情愈真，李后主是也。尼采谓：一切文学，余爱以血书者。后主之词，真所谓以血书者也。"以血书者，这评价确是中肯。若不是有国破家亡之恨，若不是刻骨铭心的痛，那生于深宫之中、长于妇人之手的清隽青年，那从小惯看了玉钩罗幕、辘轳金井的后主，又怎能写出"问君能有几多愁？恰似一江春水向东流"的沥血之作？

如今再读，终于明了曹公在《红楼梦》中对隔代知己的慨叹，分明你是知他的，你知他内心最幽微的喜怒哀乐，或许他的眉头只一颦，你便知他是在愁春花易凋谢还是在悲知音难觅。

刹那间，我几乎托不住手中的词集，凝聚了一人隔着悠长时光妄图抓住过去的痴念的词集。

我竟懂得了白居易的悲哀——"魂之不来君心苦，魂之来兮君亦悲"。多少次盼着那人入我梦境，与我把酒言欢，而现在却只能逆了时间，远眺他凄清的背影。

"故国梦重归。"

"故人梦重归。"

我再度闭上眼，历千载流光，在黑暗中用手描摹远走的帝王身影——不是在凄风苦雨里悲守残漏的违命侯，而是在月光下灭了红烛、纵马踏着清辉归来的恣意少年。

我不愿睁眼。

毕竟塞雁高飞，斯人已逝，徒留一帘风月闲。

指导教师：王　慧

西 湖 赋

◎高 2019 级 10 班　段逸文

人人尽说江南好，游人只合江南老。
——《菩萨蛮》

乙亥之夏，八月既望。

西湖转藏竹密处，水墨初展，美人正靥。

粼然池皱碧铺纹，石青画布，微风掀露。

小舟静坐江渚旁，采菱疾去，藕花深处。

至西湖已黄昏，临水远眺，见青峰如黛，逐淡于晚霞炊烟，乌鸦盘桓，凄声彻于天。香樟秀颀，垂柳通灵，显山岚设色之妙。湖边一环，皆绿烟翠雾，闻莺柳浪，搓棉扯絮，嫁与东风，梦沉西湖，终浮云旷客。有金丝玉缕者，俯身听湖，柳梢恰齐，湖光染翠，叶影相交；长椅低绿帘，鸳鸯闲踱步。

少时，夜深星阑，平湖秋月。湖边皆是人声鼎沸，车水马龙，灿若星辰坠地，闪似宝珠镶山，清风明月晚侍柳，金屋粉饰木沉香。叹南宋歌舞笙箫至极者，也未能有此盛况。

湖中竟万籁俱寂，陆上繁华喧嚣皆泼洒而下，伴皓月一轮，成宗师绝迹，成浮影长虹，仍有芦花荡宿鸟晚息者，似与世隔绝，不闻丝竹。湖中有客舟一，黯黯远去，舟子似哼非哼，不见人影，只见舟行。

           指导教师：冯　荷

后 西 湖 赋

◎高 2019 级 10 班　段逸文

旦复旦兮，又是一日重游；朝朝暮暮兮，求西湖几何。

烟封雾裹山外山，柳绿夹途湖外湖，至断桥白堤一带，草长莺飞，春色正浓。左望为小湖，荷花零星，点缀角落。右望为大湖，水光接天，烟波浩渺。扫视远方，则长桥卧波，隐隐一线。

至曲院风荷，荷花更胜一筹。莲叶田田，似碧波潮起，虽风平浪静，杨柳依依，定睛一看更觉惊涛骇浪，如千军万马破浪前行。穿梭于荷塘间，只觉在路上行止。端详细玩，则如软玉砌成，荷粉露垂，着实可爱；也有枯黄凋零，韶华易逝者，失豆蔻之美颜，留风霜之残躯。

再行几步，见苏小小墓，不禁对亭怀人：油壁车去青马来，陌上香冢葬花魂，人生韵事知多少，行至西泠总断肠。

苏堤长，行人漫步石径上，闲来垂钓，群鱼争食浅滩旁；苏堤妙，苏子举杯愁绪袅，筹措谈笑，淤泥起，苏堤造。

我见，乐天马上踏青，见，东坡坐亭狂饮，见，张岱芥舟独行。见，吞下南宋的相思，见，康乾富商大贾的财力。

我愿做一片岁月静好中一粒相思的红豆，我已不在西湖，西湖却常在我心。

未老莫还乡，还乡须断肠。

指导教师：冯　荷

雨　说

◎高 2022 级 6 班　刘宇程

雨者，天之水也，其生于冥云之渊，降于春之初也。绵飘润蕴，倾流四野，凝白成雪，四时异也。

时壬寅正二十，冬弗去，天寒冷。旧碧未落，梅已尽开，而新青隐未发，春冬之交也。会雨，寒也。其虽寒，而不致雪，泠风起而过面，雨水积而映天，双足若跣，寒风刺骨，掌指僵直，难感其存。千壤沃泽，百树枝润，檐际衔水，滴沥如珠。上则暗云布散，云雾迷蒙，若墨浪翻涌，污絮驰飞之状。此天之先霖，寒彻凄骨，然润天下之广绿，唤地上之走兽也。

而今八月末矣，寒驱暑退，朔气登临，秋雨骤激，暮时蒙蒙点至，朝而沥沥不歇，露气湿襟，凉风冷颊。庠序道间湿然，光色暗浊，平路镜滑，行履而伴水声，吞吐亦感潮意。枫色初红，丹桂盛开，金赤漫织，香雾湿稠。碧之将衰，其色也润，雨为之；秋芳初盛，其亦浓，雨生之。此天之寒霖，清润绵久，而消众翠之苍色，悲骚人之情神也。

古云"上善若水"，雨，水之一也。予喜雨，非以其寒，而以其泽。泽而不变，千古为此，然观者忧喜哀恨，怜春悲秋，心志毋宁，情思难定。此自然之物所以居吾辈之上也。使无雨，则百芳不得发，千茵不得长。百川千湖，竟以干之；众生禽兽，竟以亡之。不堪雨之寒者，视以恩；不堪雨之狂者，视以敬。

指导教师：何　昀

天人合一的亚欧大陆

◎高 2022 级 8 班　李彦伯

《淮南子·精神训》曰："天地运而相通，万物总而为一。"当光怪陆离的大自然与鬼斧神工的人类智慧相互映衬、合二为一时，一个造物主精心搭配的浓缩世界由此呈现。

维苏威火山，坐落于亚平宁半岛南部的那不勒斯湾畔，地处欧亚板块、印度洋板块和非洲板块交界处，在各板块的漂移和相互撞击挤压下于 2.5 万年前形成。清晨，迎着曙光，我踩着碎石子路向山顶进发。不同于国内的崇山峻岭，或冰雪覆盖，或郁郁葱葱，维苏威火山作为一座活火山，除了山麓的果园，其四周鲜有生命的活力，只有几株绿苗点缀其间。没有熟悉的青石板路和盘旋而上的石阶，这里只有由碎石子铺成的缓坡，一边是深不见底的火山口，万年沧桑在其褐色的表面留下了道道痕迹，布满青苔的岩面沟壑纵横，但它却依旧站在地老天荒的沉默里，站在崇高的孤独里；另一边，在蓝天下，数十公里外的一圈灰色古建筑明灭可见，庞贝古城，无声无息地等待，终于，等到了重见天日的一刻。灼热的空气在山顶盘旋，飘向历史的深处。

公元前6世纪，古城落成，与远处的大山交相辉映，仿佛每一栋房屋都沉浸在大自然之中，人作为小宇宙与天地完美融合。不过谁也没有料想到在公元79年，刹那间，炽热的岩浆涌现，一切如过眼云烟，灰飞烟灭。依旧是碎石路，我埋头徜徉于断壁残垣之间，踢着小石头，抬头瞥见夕阳，千年的光与影浮现在眼前，映射着落日。

一年之后，未曾设想，在斯里兰卡，在这人们称为佛祖落在印度洋上的最后一滴眼泪的地方，昨日之景依稀存在。斯里兰卡中部丹布勒地区，孕育着世界第八大奇迹。狮子岩，有别于维苏威火山和庞贝古城的奇妙之处。一座构筑在橘红色巨岩上的宫殿，化不可能为可能，成为人类征服自然、天人合一的典范。我如虔诚的朝圣者，小心行走在陡峭的盘山铁梯，不断瞻仰着圣光，见证着跨越世纪恒久的精神坐标。我怔怔地停下脚步，抚摸着凹凸不平的参差石壁，捕捉着在空气中流窜的古老本真的气息。凝望着它，像是凝望着苍老而永远健在的祖先。

我总在探寻着这个天地人三维世界的顶点，却又在不经意间，领悟到了世间万物的轮回本质。天人合一，源于华夏却又广布于大千世界的每一个角落，从古至今，生根发芽，枝繁叶茂。

道可道，非常道；名可名，非常名。

指导教师：王 慧

大地的精魄

◎高 2021 级 13 班　韩文

草木是大地的精魄。

在地球悠长的历史中，较早主宰这颗星球的生命的，是植物。它们存在了太长时间，进化了太长时间，却没有动物的灵活和思考能力，更不用说和人相比了。

生物学家说，没有一种经历过时光考验的生物是简单的。文学家说，万物有灵，死物尚有，何况活物？那么我想，植物存在了那么久的时间，也许积攒了更多的灵气吧？

是，当然是，我生来喜欢植物，自然努力为植物找了个长处。那些草木，真的是土地的灵魂。一片土地，要有了植物，才会慢慢地有一些动物，才会有生机与活力。你看森林，那里清晨有鸟鸣清越婉转，夜里有百兽外出觅食。地上有走兽，空中有飞禽……所有生命力，来源于植物，它站立在大地上，根在大地中缠绕交织，早已与大地融为一体，分不开了……它站在大地上，是大地灵气聚集生出了它，它俨然作为大地的精魄，将自己献给了万物生灵，赋予这片土地生机与活力……它站在大地上，用它无与伦比的坚韧与顽强，用它来自大地的品性,千年万年,一刻不停地向这片土地输送养分。

我漫步在小道上,两旁是泥土与草木,蹲下用手轻触疏松却有些潮湿的泥土,很好奇把手全部放在土里是什么感觉,我很快这样做了。手埋在湿润的泥土里,我感到一阵清凉,随后又被一种奇异的充实感包裹了,似乎有丝暖意,但当仔细去感受时,又仿佛只有清凉。我把自己想象成一株植物,正从土里吸取养分。我想象自己和土壤是一个整体,正不断敛集大地中的那虚无缥缈的"灵气",我很惊讶这样做居然没有一丝违和感,没有让我觉得可笑和尴尬。我又忽然想到,女娲造人不就是用的泥土吗?略微结合一下神话,我就明了了。

继续感受着那份清凉,我慢慢变得平静。我们人啊,也许真该多从土里获得力量。你看,草木一生,生在土里,长在土里,凋亡在土里。从生至死,不是一直带有一种宁静安然、沉着镇定的气质吗?

草木与世界,是联系在一起的。春日生发,夏日茁壮,秋日凋零,冬日眠藏。一举一动,都反映了世界的运行规律,它们是大地的孩子,自然的宠儿。无尽岁月里,动物们因为生计每日奔波于捕杀食物与逃避捕杀之中,人类世界里也有数不尽的战火与硝烟。唯有植物,不争不抢,你不动我不动,共同在蓝天下沐浴着阳光,草木们的世界里,只有温和与友善。

很喜欢《浮云半书·草木卷》,在一个个动人的故事里,草木承载了希望、忠诚、友谊、亲情与爱情,当人将情感寄寓于草木时，你所有的情感，便都拥有了生生不息、绵延不绝的生命。这些拥有生命力的情感在时光长河里沉淀，越来越醇，在某一个时刻，可以完美地表达给你想的那个人。

指导教师：林玉蝶

你听见了吗？

◎高 2021 级 13 班　肖霁珉

晴天、阴天、下雨天，你更喜欢哪一个？

——《岁月的童话》

小孩子才做选择，我晴天、雨天都要。至于阴天，两者之间的边缘地带，模棱两可，是我所摈弃的。而晴天和下雨天，我没有理由拒绝。晴天是我的性格常态，热情、开朗，拥有酷暑般的无限活力，而雨天就是给我降温，给我一个理性思考的空间，让我从旁观者的角度，清醒地观察自己的生活。晴天有晴天的魅力，雨天有雨天的风韵。窗外雨打芭蕉，落玉盘，帘卷西风，秋又至，你听见了吗？

春雨、秋雨、狂风骤雨、绵绵细雨……我都喜爱有加，无一例外。天是晴的，云是轻的，而雨就这样润物无声地飘了下来，淅淅沥沥，此时鸟雀就利落地从天空俯冲下来，划破了雨帘，而绵密的雨又将其织好，毫无修补的痕迹。最爱的是雨和雨棚合作的和弦，雨棚放大了雨声，屏蔽了杂念，锁定了思绪，大自然是不需要切分音符、不需要附点音符的，它的安排就是绝对音准。放下笔,抬眼窗外,最无聊的打发时间的方式就是看那雨的滴漏了,雨棚的一角,总会毫无节奏地滴着雨滴,雨急时,方可看见那藕断丝连、欲罢还休的缠绵,可谓"一滴一世界,一雨一轮回"。所以我觉着没有雨棚加入的一场雨是没有灵魂的。

我一直渴望着能够有一次特别的与雨共舞的经历。在一个大雨倾盆的夏季凌晨,两三寸的灯影斑驳也托不住我诗意的身影。只有在这时,雨的清新涤荡了城市中陌生人的气味,只有在这时,整个城市才完完整整属于我,每一立方米的空气都被我盖上戳记,只有在这时,我才算真正地和这个城市同频共振,城市的万家灯火也抵挡不住孤独的风雨,这不是消极,不是自暴自弃,是作为一个成年人向世界宣战。次日清晨,雨会停,天会晴,只有潮湿的沥青路还惦记着我的伶俜。一切现实都还是一切应有的模样,一切幻想都还在一切该在的地方。

我们爱雨,爱的从来不是它的潇洒,不是它的缠绵,爱的是它包裹着的深情。"撑着油纸伞,独自彷徨在悠长、悠长又寂寥的雨巷",戴望舒钟情的不是那个逼仄的小巷,而是那个纯洁的姑娘;"前尘隔海。古屋不再。听听那冷雨",我们听的从来不是那淋淋漓漓的冷雨,而是余光中游子羁旅、归心似箭的离情。"雨还在下,像在寻你。它敲我的窗,说找不到你……"可是我找到你了,那个愿意将我随口一提放在心上的知己。那天天气闷湿,忙里偷闲的我们走到了教学楼门口,下垂的花朵提着水滴穿起的珠帘,形成一道天然的屏风,我们抬起手,去感受夏日馈赠的凉爽,让整个人埋进潮湿清新的空气，任凭它拂去身上的浮躁。"你写过天光，何不写夏雨呢？这样就可以构成一个系列了。"我调侃道。没想到我想要一缕芬芳，你给了我一片花海。

秋风乍起，舞动了窗纱，平添几分凉意，你冷吗？要记得穿我爱的那件针织背心啊！雨还在下，你听得见吗？

那么你在哪儿呢？会是什么样子呢？你在想谁？

雨下得大了，风中又多了几片飘零的梧桐叶。

我在想你。

指导教师：林玉蝶

淡过天上月

◎高 2021 级 14 班　李诺然

事实上并非禁足，只是我自己不愿踏出半步罢了。似乎忘了今日是八月十五，是中秋，看月亮也不过是一时兴起，在被母亲拉去听院内人们的啸歌的路上注意了一下东南方向的天空。

先是看到隔壁楼顶手持燃着的烟花棒舞动戏耍的孩子，这倒让我萌生了跑上天台去吹夜风的想法，但没有付诸实践。终于凝聚精神，将目光投向天空。

今年的月亮格外诱人，不似去年云雾缭绕看不清真颜，也不似前年隐没身形惹人恼火，今年，或许是打我开始关注月相以来，所见的最橙黄的一轮圆月。且从我的角度看去，月亮还是低垂着的，这点颇为难得，至少我的视线不需要扬起，只需平视就可以轻松捕获她的样貌。

黄色的月亮，细细想来，很久没有用这个颜色来形容月亮了。浅学皮毛之后，我们往往卖弄自己的知识，说月亮是白色、是黑色，而"黄"这个形容，则是越来越少。就在我快要忘记以"黄"来形容月色时，今晚的月亮提醒了我，至少对于我，是在幼儿园学习画画时，第一次知道该用黄色水彩笔为月亮上色。

或清冷如清辉，或袅娜如轻纱，或洁白如玉佩，或耀眼如宝石，这是我们常说的月亮。今日的月亮，少了那分云雾缭绕的矜持、那分寒光泛泛的冷漠，多了些温暖的味道，好像是暖色的光。

苏轼《水调歌头》的结尾是词人抒发的美好的祝愿，普通人则无此大才，只有在中秋不能团圆的悲戚。我是一介俗人，有些许伤感也实在可以理解。

"月亮很圆很圆，像一枚圆圆的大药片。"

如若能够，我想我还是愿意再尝一次方月饼。今年，即使是圆月饼，也还没有吃过呢。

滋味很淡很淡，比天上的圆月还要淡。

指导教师：李雪娜

春天的礼物

◎高 2020 级 6 班　颜　熙

冬日也曾到过这里。身侧冬草恹恹地耷拉着，蜡梅遒劲的枝干傲然独立在两旁的小丘之上，既对人不屑一顾，又不屑人一顾，可望而不可即。一切景致都仿佛与人隔了层迷迷蒙蒙的纱，游客只稀疏三两个，令人倍感凄清。

阳春三月，重游此地。漫不经心地转悠着，满目春意盎然。正抽着嫩芽的柳树矗立河岸，顾影自怜；杜鹃花隐没在高栏之后孤芳自赏；枝头的画眉也不搭理人，见人来亦不飞走，权当没看见似的继续啁啾低吟浅唱。

我与春日，仿佛有深深的隔阂。景致美好，却未入我心。

兴致缺缺地四处兜兜转转，偶然瞥见身侧的拱门上赫然三个大字：海棠园。还未步入其中，已见墙上斜斜探出一枝海棠，花朵团团簇拥在枝头。正是早春，大多数花还扭扭捏捏地含苞待放，海棠竟已悄无声息地绽开深红的花瓣，舒展着拥抱春天。

方进园，深红浅红交织成的绯红铺满园区，那流淌着的无休止的、蓬勃得近乎疯狂怒放的生命力，瞬间震撼了人的身心。一片热烈如火的红吸引了所有视线。百十棵海棠,是炽热燃烧的百十团火焰,以一种汹汹的气势展露风采。这是一支静默了一个寒冬的生命之歌,这是一幅泼墨而就、笔力遒劲的春日画卷!它沸腾了春天轻缓流逝的光阴,炽烈了温暖春晖,以其夺目热烈的美,彻底抹去了冬日的凄清。杜甫"花欲燃"三字,描摹的当是如此景致。

步入花海,绯红花朵伸手可触,散落的花瓣低头可见。海棠枝条纤长柔韧,枝干低矮,却托起了一树气势恢宏的火烧云。"我见海棠多妩媚,料海棠、见我应如是",不知是人赏海棠,还是海棠赏人;亦不知自身是被惊鸿一瞥夺了心神的游客,还是枝头笑春风的海棠一枝。人与花、人与自然,真正地交融在了一起。

原径返回。垂柳、杜鹃、画眉离得依旧很远,但温煦的春晖消融了我们的距离。柳树娉娉婷婷地立在河堤与我遥遥相望;杜鹃在栏杆下奋力仰头与我相视而笑;画眉歌声婉转动听,为我而鸣,亦为春日歌唱。

真正的美,是触手可及的,也是遥不可及的;是无处不在的,也是无迹可寻的。欣赏、甄别美的我们,应当谦逊而虔诚,忘却目的与功利心,摒弃与生俱来的主宰者的傲慢,以一颗柔软的爱草木的心去赏玩、去研读、去品味,这样我们就会发现,即便疏离如冬日寒梅也有傲霜的清丽。春回大地,便要将自己化为春日的一景,越过人与自然的界限,化去人与自然的隔阂。诚如林清玄所言:"具有柔软心的人,即使面对的是草木,也能将心比心,也能与草木至诚相见。"如是,春日乃至四季轮回，都有美好可寻找、可品味、可珍视。如是，成长经历的喜悦、欢笑乃至挫折、悲伤，都有成败可总结、可反省、可回忆，都是生命的幸福。

春风和煦，春光明媚，春天赠给我一颗草木之心，教会我甄别美、领会美，赐我拥抱幸福的能力，这是这个春天给予我最为珍贵的礼物。

指导教师：李丽莉